Theo Schoenaker
Ewald Th. Müller
John M. Platt

Eltern & Lehrer für eine erfolgreiche Schulzeit
Ermutigung, Klassenrat, Hausaufgaben

W0105596

Theo Schoenaker
Ewald Th. Müller
John M. Platt

Eltern & Lehrer
für eine
erfolgreiche Schulzeit

Ermutigung, Klassenrat, Hausaufgaben

RDI Verlag
46397 Bocholt

Bibliografische Information Der Deutschen Bibliothek
Die Deutsche Bibliothek verzeichnet diese Publikation in der Deutschen Nationalbibliografie; detaillierte bibliografische Daten sind im Internet über http://dnb.ddb.de abrufbar.

Theo Schoenaker, Ewald Th. Müller, John M. Platt
ELTERN & LEHRER
FÜR EINE ERFOLGREICHE SCHULZEIT
Ermutigung, Klassenrat, Hausaufgaben
Originalausgabe
1. Auflage 2006
© by RDI Verlag, Bocholt. www.rdi-verlag.de
Alle Rechte vorbehalten – printed in Germany

Die vorliegende Ausgabe enthält unter anderem die überarbeiteten und ergänzten Hefte *Der Klassenrat* von John M. Platt 1998 und *Auf dem Weg zum Klassenrat* von Ewald Müller 1999.

Druck und Bindung: Druckservice EuroPB s.r.o.
www.europb.eu
Umschlaggestaltung: Oliver Leson www.media-leson.de
Bildquelle Titelbild: www.photocase.com
Fotograf: Peter Galler

ISBN-10: 3-932708-30-X
ISBN-13: 978-3-932-708-30-5

Inhalt

Du hast das Recht, genauso geachtet zu werden,

wie ein Erwachsener.

Du hast das Recht, so zu sein, wie du bist.

Du musst dich nicht verstellen und so sein,

wie es die Erwachsenen wollen.

Du hast ein Recht auf den heutigen Tag,

jeder Tag deines Lebens gehört dir, keinem sonst.

Du, Kind, wirst nicht erst Mensch,

du bist Mensch.

Janusz Korczak (1878-1942)

Zu diesem Buch

Hier liegt bedeutendes und sehr hilfreiches Material vor uns. Bedeutend, weil es richtungweisend ist, für die zukünftige Art, wie Menschen in einer friedlichen Welt miteinander umgehen werden. Hilfreich, weil hier Antworten für die Praxis sind. Antworten, die gefunden wurden aus Verzweiflung, aus Glauben und aus beständiger Arbeit mit Kindern. Kritisieren, strafen, Druck ausüben, Angst machen, befehlen, sie haben alle ihre Wirkung verloren. Wir müssen neue Wege gehen, die Mitdenken, Mitsprechen, Verantwortung teilen ermöglichen und zur Selbstverständlichkeit machen. Die Methoden und Erfahrungen gibt es. Hier liegen sie vor uns. Dr. John M. Platt, Ed.D., USA, Schüler von Rudolf Dreikurs, und seine Kollegen und Kolleginnen haben jahrelange Erfahrungen und diese zum Wohle aller weitergegeben. Wir haben einige seiner Texte übersetzt. Finden Sie damit Ihren eigenen Weg. Es kann nur besser werden.

Ewald Müller fand ohne diese Unterlagen seinen eigenen Weg. Auch in seinem Leben wurde mein Lehrer Rudolf Dreikurs die richtungsgebende Person. Ewald betont mehr als andere die Notwendigkeit der klaren, helfenden Haltung. "Wir wollen einander helfen" ist seine zentrale Aussage, worin, besser wissen wollen, Recht haben wollen, persönliche Überlegenheit und herrschen nicht willkommen sind. Das ist gut. Das hat Zukunft. Die Kinder gewöhnen sich schnell und gerne daran.
Wir sehen: wer nach mehr Frieden und Zusammenarbeit sucht, der kommt hier an.

Ich selbst arbeitete von 1962 bis 2004 mit Gruppen von neurotischen Patienten. Ich wurde sowohl durch missglückte therapeutische Beziehungen als auch durch erfreuliche Behandlungserfolge immer wieder auf die Unentbehrlichkeit von Ermutigung gestoßen. Psychologische Behandlung, so wurde mir klar, ist immer ein Erziehungs- und Ermutigungsprozess, wodurch Menschen sich so entwickeln, dass sie weniger Angst haben.

Ermutigung wurde schließlich mein wichtigstes Anliegen in der Überzeugung, dass Psychotherapie, in letzter Konsequenz definiert werden kann, als die Reduktion von irrationalen Ängsten durch Ermutigung. Dies war die Motivation zur Entwicklung des heute weit verbreiteten Encouraging-Trainings Schoenaker-Konzept.[1]

Möge es durch unser aller Anstrengung eine Zeit geben, wo Kinder mit weniger Ängsten, mit mehr Selbstbewusstsein, mehr Glauben und Vertrauen in die Mitmenschen aufwachsen, sodass die Zukunft weniger irrationale Ängste und Minderwertigkeitsgefühle kennen wird.

Die holländische Schriftstellerin Anna Blaman gab ihrer Hoffnung folgendermaßen Ausdruck.

"Es ist ein humanistisches Ideal einmal so weit zu kommen, dass wir die Angst voreinander ablegen können, dass wir damit rechnen können, humane Begegnungen mit unseren Mitmenschen zu haben. Selbst nie eine Gefahr zu sein und den Anderen nie als eine Gefahr betrachten zu müssen: Das ist ein Ideal, ein unerreichbares Ideal glaube ich aber ich glaube wohl, dass in die Richtung das Streben nach einer wirklich inneren Zivilisation geht, die die Liebe hochstellt und Hass abweist. Stellen sie sich vor, so eine Welt!"[2]

Ja, stellen wir sie uns unbeirrt vor.

Theo Schoenaker

---

[1] www.adler-dreikurs.de
[2] Anna Blaman (1905-1960): *Over zichzelf en anderen (1963)*

1

Eltern und Lehrer, für eine erfolgreiche Schulzeit![1]

Theo Schoenaker

Das Dreiersystem Eltern-Lehrer-Kind

Ich fühle mich geehrt vor so vielen Eltern, Lehrern und einigen Jugendlichen zu sprechen und zu sehen, wie viele sich doch für eine erfolgreiche Schulzeit einsetzen wollen. Es ist ein lohnender Einsatz.

---

[1] Abschrift einer Aufnahme eines Vortrages am 10.01.2006 in der Reihe „Bocholter Psychologie-Vorträge". Der Stil des gesprochenen Textes haben wir bewusst weitgehend aufrechterhalten, weil darin Schoenakers Begeisterung für die Möglichkeiten der Individualpsychologie und seinen festen Glauben an deren Umsetzbarkeit am Besten zum Ausdruck kommen.

Dieser Vortrag ist weniger eine Antwort als eine Erkennungsreise, auf der wir alle das finden werden, wovon wir „wissen", dass es richtig ist in allen Lebensbereichen. Überall brauchen wir mehr Achtung voreinander, mehr Gefühl von Gemeinschaft, mehr Gleichwertigkeit, mehr Zusammenarbeit und mehr Ermutigung. In der Klasse, im Kollegium, in der Ehe, in der Familie, in der Arbeitswelt und im Umgang miteinander generell. Die Individualpsychologie gibt dafür gute Grundkonzepte.

Der Begründer der individualpsychologischen Schule ist Alfred Adler (1870-1937). Bei den pädagogischen Fachleuten wohl bekannt. So wie auch Rudolf Dreikurs[1]. Die Individualpsychologie bringt wie andere psychologischen Schulen auch, eine Persönlichkeitstheorie. Ihre Grundaussage ist: Der Mensch ist ein soziales Wesen. Auf diese Grundaussage baut sie auf. Sowohl das Glücklich- als das Unglücklichsein des Menschen ist mit der Qualität der sozialen Beziehungen verbunden. Wenn Kinder nicht glücklich sind, wenn sie stören oder psychogene Störungen haben, dann gilt in erster Linie die Frage: Wie ist die Beziehung des Kindes zur Familie, bzw. zu der Gruppe, mit dem das Kind am meisten zu tun hat. Das ist auch ein guter Tipp für Eltern. Nicht sofort mit dem Kind zu allen möglichen Spezialisten laufen, sondern fragen Sie sich erst mal einmal: "Wie ist die Beziehung des Kindes zu uns? Fühlt es sich hier bei uns zu Hause auch zu Hause? Wie ist die Beziehung des Kindes zu mir als Lehrerin[2], zur Klasse? Was können wir tun, um das zu verbessern?"

---

[1] Siehe zu diesem Thema auch Rudolf Dreikurs: *Psychologie im Klassenzimmer* und *Kinder fordern uns heraus.* Klett-Cotta Verlag

[2] Das statistische Bundesamt in Wiesbaden hat am 02.10.2006 bekannt gegeben, dass an den Schulen in Deutschland 64% der Lehrer Frauen sind. Aus diesem Grunde spreche ich hier meistens von Lehrerinnen und meine damit natürlich auch die Lehrer.

Der Mensch ist ein soziales Wesen, er will sich eingebettet fühlen in einer sozialen Struktur, einem sozialen System. Er will sich akzeptiert und nützlich fühlen. Dann kann und will er das Beste geben, was er hat.

Wie ist das nun in dem Dreiersystem Eltern-Lehrer-Kind. Die Lernbereitschaft des Kindes, seine Bereitschaft beizutragen, hängen davon ab, ob es sich als Teil dieses Systems empfindet. Das ist bei Erwachsenen in der Partnerschaft nicht anders. Oder? Wenn Sie sich zu Ihrem Partner zugehörig fühlen, wenn Sie wissen, dass Sie bei ihm willkommen sind, dass Sie so sein dürfen, wie Sie sind, dann haben Sie eine gute Ausgangslage für ein zufriedenes und nützliches Leben.

Am Arbeitsplatz ist es auch so. Haben Sie am Arbeitsplatz eine gute Arbeitsatmosphäre? Das so viel heißt wie: *Irgendwie mögen wir Kolleginnen uns oder auch nicht, aber wir akzeptieren uns auf jeden Fall so, wie wir sind. Keine ist darauf aus, die andere zu verändern, keine dominiert. Wir haben keine Angst voreinander. Wir fühlen uns zugehörig. Jede glaubt, dass sie ihre Ziele erreichen kann.* Das spürt man, wenn man in so einen Raum hinein kommt. Dort wo eine gute Arbeitsatmosphäre ist, wo Leute sich akzeptieren, zusammenarbeiten, sich nicht ständig kritisieren, meckern und nörgeln, sondern wo jeder so sein darf, wie er ist, da sieht man Aktivität, Kreativität, Spontaneität, Leichtigkeit, da hört man Lachen. Im Zusammenleben mit den Nachbarn ist es nicht anders.

Sie ahnen schon, wo das hinführt. Im Grunde zu der Frage: "Wie kriegen wir das nur hin, dass jeder in diesem Dreiersystem Eltern-Lehrer-Kind sich einigermaßen gut fühlt?"

Der Mensch ist ein soziales Wesen. Sein wichtigstes Bedürfnis ist es, sich zugehörig zu fühlen zu einer klar definierbaren Gruppe. Zu den Eltern, zu der Familie, zu der Partnerschaft, zu der Ehefrau, zu dieser Klasse, zu diesem Sportverein. Zugehörig in diesem System. "Sich zugehörig fühlen" sind Worte, so wie es so viele Worte gibt. Aber wenn wir uns nicht zugehörig fühlen, wenn wir das Gefühl haben, außerhalb zu stehen, nicht willkommen zu sein, nicht gemocht zu werden, dann würden wir uns am liebsten umdrehen und abhauen. Und viele tun das auch, wenn auch nur innerlich. Aber wir haben sie verloren. Eine Lehrerin sagte mir: *Ich sehe es so, dass vor allem auch viele Eltern sich nicht zugehörig fühlen in diesem Dreiersystem. Deshalb kommen viele auch nicht zum Elternabend, oder haben Angst davor. Ich als Lehrerin habe auch immer ein starkes Kribbeln im Bauch, wenn Eltern vor dem Elternabend anrufen. „Sie könnten mich ja angreifen."*

Der Mensch ist ein soziales Wesen. Sein Glück, seine Zufriedenheit und sein Erfolg hängen eng zusammen mit gelungenen sozialen Beziehungen.

Der Mensch ist ein soziales Wesen. Der Fisch ist ein Wasserwesen. Er kann sich nur gut fühlen im Wasser. Nicht in irgendeinem Wasser, sondern in gesundem Wasser. Menschen sind soziale Wesen. Sie können sich nur gut fühlen in sozialen Beziehungen. In guten sozialen Beziehungen. In einem Klima, in dem man sich nicht gefährdet fühlt.

Eine Untersuchung

Es hat mich vor Jahren mal interessiert, wie Menschen dieses Gefühl der Zugehörigkeit erleben[1] und ich hatte die Gelegenheit, 300 Erwachsene, die in Großunternehmen arbeiteten, zu fragen: „Kennen sie das Gefühl, sich am Arbeitsplatz nicht zugehörig zu fühlen?" Ich hätte auch Ihnen hier diese Frage stellen können. Sie würden auch ja sagen, so wie diese 300. Jeder kennt das Gefühl, dass er sich nicht oder noch

---

[1] Schoenaker, Theo / Schoenaker, Julitta / Platt, John M.: *Die Kunst als Familie zu leben.* Herder-Verlag 2000

nicht zugehörig fühlt. Immer mal wieder. Später konnte ich dieselbe Frage noch an insgesamt 1123 Personen stellen. Studenten von mir haben Kindern und Jugendlichen, mit denen sie arbeiteten, dieselben Fragen gestellt. Die Antworten sind inhaltlich immer gleich.

Wie fühlen Sie sich, wenn Sie sich nicht zugehörig fühlen?

Ich fühle mich verkrampft.
Ich fühle mich ängstlich.
Ich fühle mich unruhig und müde.
Ich bin aggressiv.
Ich bin traurig.
Ich fühle mich unsicher.
Ich fühle mich dumm.
Ich fühle mich allein.

Diese Antworten beeindrucken mich jedes Mal sehr. Sie kommen von erfolgreichen, normal intelligenten, erwachsenen Menschen.

Wie kommen Erwachsene und Kinder dazu sich unfähig und dumm zu fühlen, aggressiv und traurig? Indem sie sich nicht als Teil des Systems, nicht integriert fühlen. "Ich bin hier nicht nützlich, ich werde hier nicht gebraucht, es ist egal, ob ich hier bin oder nicht." Dann kommt man offensichtlich da an. Es ist, als ob Sie in einem kalten Garten stehen und durchs Fenster in einen Raum blicken, wo andere gemütlich zusammen sind. Ich gehöre nicht dazu.

"Was denken Sie dann, wenn Sie sich so fühlen?"
Ich denke:
Mir ist alles egal.
Ich will hier weg.
Die können mich mal.
Die sollen ihren Kram selber *machen.*
Ich bin hier fehl am Platz.

"Wenn Sie sich so fühlen und so denken, wie verhalten Sie sich dann?

Ich ziehe mich zurück.

Ich bin kritisch gegenüber anderen.

Ich mache nur das Allernotwendigste.

Ich trinke.

Ich rauche.

Ich störe.

Ich verletze mich.

"Wie erleben Sie nun die anderen?"

Die Anderen erlebe ich als feindlich und irgendwie weit weg. Ich erlebe sie als abweisend, lästig, gemein und fremd. Ich sehe nur feindliche Augen.

Das ist also die Situation, wenn Menschen sich nicht integriert fühlen. Ich habe die Antworten der Erwachsenen absichtlich so stehen lassen, denn sie gelten für Eltern, für Lehrer und für die Kinder. Sie gelten für alle Menschen, jung oder alt. In der Beziehung sitzen wir alle im selben Boot. Wenn wir uns nicht zugehörig fühlen, dann kommt das dabei heraus. Wir sind nicht kreativ. Wir sind nicht frei, das Beste zu geben, was wir haben, denn wir kommen immer mehr unter unsere eigene Kontrolle. Wir passen auf. Wir verhalten uns wie ein Spion im Feindesland (Adler).

Wenn also Kinder stören, wenn Kinder nicht lernen wollen, wenn Kinder sich nicht sozial verhalten sowie "normale" Kinder sich verhalten sollten, dann haben wir es nicht mit schlechten oder bösen Kindern zu tun, sondern mit Kindern, die sich nicht zugehörig fühlen. Ja, ich glaube, dass das so ist! Wenn unsere Kinder andere ärgern, sich zurückziehen, nicht mitmachen wollen, quer liegen, störrisch sind, lästig sind, sich und Andere verletzen, dann fehlt ihnen etwas. Es fehlt ihnen das Zugehörigkeitsgefühl und das kann man nicht erzeugen mit Kontrolle, Druck, Drohung oder Strafe. Das ist der falsche Weg!

Ich habe denselben Gruppen auch die umgekehrte Frage gestellt:

„Wie fühlen Sie sich, wenn Sie sich zugehörig fühlen?"
Hier sind, sehr verkürzt, die Antworten:
Ich fühle mich leicht.
Ich fühle mich fit und belastbar.
Ich bin gut drauf.
Ich fühle mich stark.
Ich fühle mich leistungsfähig.
Ich fühle mich zufrieden, wichtig und aktiv.

Das kennen wir alle. Damals als Sie verliebt waren, haben Sie sich sehr zugehörig gefühlt. Sie haben sich so aktiv, kreativ, bereit zur Mitarbeit, und leicht gefühlt. Sie konnten schweben. Der Mensch ist ein soziales Wesen. Wenn es jemand gibt, der uns wichtig findet, der uns mag, an uns glaubt, oder uns wichtig macht, dann können wir Bäume ausreißen.

Wie holen wir Menschen, die stören oder die nicht „funktionieren" in das System herein? So, dass sie sich wieder zugehörig fühlen und erfahren: Ich werde gebraucht, ich kann hier nützlich sein, meine Meinung ist gefragt, es ist schön, hier zu sein.

Es waren die Entmutigten die sagten: Ich will hier weg. Die Ermutigten sagen: Ich fühle mich gut hier. Schön, dass ich hier sein kann. Das, was da vor mir steht, das schaffe ich schon und ich helfe auch gerne den Anderen. Die Anderen erlebt man dann nicht als feindlich, sondern als freundlich, als nette Leute, als gute Menschen. Ist das nicht beeindruckend? Hier sind nicht zwei verschiedene Gruppen die antworten, sondern es ist ein und dieselbe Gruppe, die über zwei verschiedene innere Verfassungslagen spricht und belegt damit, dass jeder von uns Menschen braucht, die an uns glauben.

Ich selbst kenne das sehr gut. Wenn ich einen Vortrag halte und die Zuhörer signalisieren, dass es Sinn macht, was ich sage, dann bin ich inspiriert. Julitta, meine Frau, ist bei meinen Vorträgen, wie heute Abend auch, meistens dabei. Sie glaubt an mich. Das ist genug.

Kennen Sie diesen Witz?

Ein Mann kommt in den Friseursalon hereingestürmt und schreit den Friseur an:
"Dieser Lausbub da draußen! Ist das Ihr Sohn? Der hat mir beinahe einen Stein an den Kopf geworfen!"
Der Figaro dreht sich um und fragt:
"Hat er getroffen?"
"Nein, aber haarscharf daneben!"
"Dann war es nicht mein Sohn!"

Wer so einen Papa hat, der kann an sich selbst glauben. Ich habe in meiner Arbeit vielen Menschen die Frage gestellt: „In welchem Fach oder in welcher Tätigkeit sind Sie gut?" Wenn sie dann erzählten, worin sie sich auszeichnen, zum Beispiel im Malen oder in Mathematik oder in Sprachen, dann kommt anschließend fast immer: "Ich hatte eine gute Lehrerin." Das ist nicht die Lehrerin, die ihre Stunde gut vorbereitet und ein großes Wissen hat, sondern das ist die, die das Gefühl vermitteln kann: Ich glaube an dich! Ich vertraue dir! Ich vertraue darauf, dass du deine Sachen in deiner Art auf die Reihe kriegst!

Ja, ich weiß, es ist viel leichter einen Vortrag zu halten, als vor einer Klasse zu stehen. Ich stand noch nie vor einer Klasse aber ich halte gerne Vorträge.

Die letzte, bedeutende Frage dieser Untersuchung war:
„Wenn Sie sich **nicht zugehörig fühlen** und Sie fühlen sich außerhalb, einsam und Sie meinen, jetzt trinken, rauchen

oder sich selbst verletzen zu müssen, **was können Andere dann für Sie tun**, damit es ihnen wieder besser geht?" Die Antworten könnten so aus einem Fachbuch über Ermutigung abgeschrieben sein. Hier sind die am meisten gegebenen Antworten:

Mit mir Reden.

Mich ernst nehmen.

Mich einbeziehen in die laufenden Prozesse.

Mir zuhören.

Mich nicht anschreien sondern auf mich zukommen.

Wenn es passt, mir die Hand auf die Schulter legen, das heißt Körpernähe herstellen.

Mich bei meinem Namen nennen.

Sich für mich interessieren.

Etwas Freundlichkeit.

Zeit für mich haben.

Es ist mir manchmal, als ob Kinder durch ihr Verhalten sagen: „Wenn du keine Zeit für mich hast, werde ich dir das Leben so schwer machen, dass du mich nie mehr vergisst."

Der Mensch ist ein soziales Wesen. Wir brauchen Menschen, die sich uns zuwenden, die sich mit uns beschäftigen, wir brauchen Menschen, die uns zuhören, Menschen die sich für uns interessieren, Menschen, mit denen wir sprechen können. Das ist, was wir brauchen.

Julitta und ich haben eine Ausbildung zum Encouraging-Trainer[1] entwickelt. Encouraging steht für Ermutigung. In der zweijährigen Ausbildung wollten wir, dass die Teilnehmer nicht nur Programm und Methoden lernen, sondern dass sie das, was sie Anderen vermitteln wollen, in diesen zwei Jahren auch werden: ermutigende Persönlichkeiten. Damit dieses Ziel erreicht werden konnte, sollten die Auszubildenden in einem bestimmten Zyklus eine ermutigende Be-

---

[1] www.adler-dreikurs.de

ziehungsqualität üben.[1] So übten sie zum Beispiel vierzehn Tage lang, die ermutigende Qualität zuhören. In diesen vierzehn Tagen gingen sie mit dieser Qualität zuhören im Hinterkopf an ihre Lebensaufgaben und beobachteten, was das bei ihnen selbst und was es bei dem Anderen bewirkte und was dadurch in der Beziehung passierte. Da passierten kleine Wunder. Sie können sie in dem Buch "Mut tut gut!" nachlesen. Diese ermutigenden Beziehungsqualitäten kann man üben und man kann lernen sich mehr und mehr in dem Sinne zu verhalten. Man kann sich als Eltern bewusst machen, mehr mit den Kindern zu reden und auch mal stille zu sein und dem Kind zuzuhören. Kinder haben so tolle Antworten auf Fragen. Wir können von Kindern so viel lernen. Warum nicht als Eltern sich vierzehn Tage lang konzentrieren auf „Zeit haben"? Wenn wir die Bedeutung des Zugehörigkeitsgefühls verstanden haben, haben wir auch Zeit.

Die Fehlerbezogenheit

Wenn nun das Zugehörigkeitsgefühl so wichtig ist für das Selbstwertgefühl und das Zusammenleben der Menschen, wodurch kann es uns dann verloren gehen? Sie kennen die Antwort. Das Zugehörigkeitsgefühl und das Selbstvertrauen gehen verloren durch unsere Fehlerbezogenheit. Es gibt Untersuchungen genug die belegen, dass Eltern und Lehrerinnen grundsätzlich mehr reagieren auf die Fehler, die Kinder machen, als auf Dinge, die Kinder gut machen. Es ist, als ob Kinder sagen: *Wenn ich meine Mama haben will, dann muss ich nur stören. Wenn ich meinen Papa haben will, dann muss ich nur ein bisschen stottern, denn sein Vater, mein Opa, stotterte auch. Wenn ich brav spiele, kümmert sich niemand um mich.*

---

[1] Theo Schoenaker: *Mut tut gut.* RDI-Verlag

Unsere Grundeinstellung auch in der Schule ist eher: Aufmerksamkeit zu geben für Fehler, als Aufmerksamkeit zu geben für gute Verhaltensweisen. Wir haben im Grunde auch nicht viele andere Möglichkeiten kennen gelernt. Wenn Dinge nicht so laufen, wie wir sie uns vorstellen, dann reagieren wir mit kritisieren, nörgeln, meckern, schimpfen, kontrollieren, strafen. Die ganze Palette haben wir so zur Verfügung, aber das führt nicht zum Erfolg, das führt zum Machtkampf. Wir können nicht gewinnen, wenn wir mit Kindern in Machtkämpfe kommen. Kinder sind viel kreativer als wir und sie müssen weniger Rücksicht nehmen. Naja, wem sage ich das! Die Kinder strafen zurück. Sie rächen sich, indem sie keine Hausaufgaben machen, die Schule schwänzen, stehlen, andere oder sich selbst verletzen, usw. Sie können nicht gewinnen.

Die Anderen sollten ...

Weil wir als Eltern nicht wissen, was wir tun sollen und weil wir es als Lehrerinnen auch nicht wissen, kommt immer der gleiche Prozess in Gang: Wir wissen genau, was der/die Andere tun sollte. Das ist immer so, im Alltag. Auch in der Partnerschaft. Wenn Sie nicht wissen, was Sie tun sollen, dann wissen Sie genau, was der Partner tun sollte oder hätte tun sollen. Das ist in diesem Dreiersystem: Eltern, Lehrer, Kinder, auch so. Die Lehrerinnen sagen, die Eltern sollten und die Eltern sagen, die Lehrerin soll endlich mal ... Im Grunde nur, weil alle entmutigt sind. Die Lehrerin kann ja auch nicht anders. Wir erwarten als Eltern oft viel zu viel von ihr. Lehrerinnen sind Fachleute für Didaktik und Methodik und sie sind ausgebildet, um mit lernwilligen Kindern zu arbeiten. Die Lehrerinnen sagen: "Bring uns lernwillige Kinder, dann machen wir unseren Job und sorgen dafür, dass die Kinder etwas lernen. Wir sorgen dann für die

Bildung und die Erziehung." Das können sie auch. Aber wenn Kinder nicht wollen, weil sie sich nicht zugehörig fühlen, dann können wir nichts Gutes erreichen. Wir können sie auch nicht zwingen. Eine Zeit lang vielleicht, aber man kommt in Teufelsküche. Ich habe mal einen Jugendlichen gefragt: "Wer kann dich zwingen, deine Hausaufgaben zu machen?" Er antwortete: "Niemand!"

Unbewusste Ziele von störenden Kindern

Ein Buch von Rudolf Dreikurs heißt: "Kinder fordern uns heraus". Es ist von 1964 und es ist noch aktuell. Er schreibt über vier Ziele, die störende Kinder - und das sind immer entmutigte Kinder -, mit ihrem Verhalten unbewusst verfolgen. Eine Übersicht[1] finden Sie auf folgender Seite:

---

[1] Für mehr Informationen zu diesem Thema: *Die Kunst als Familie zu leben*. Herder-Verlag 2000

Die vier Nahziele	Verhalten des Kindes	Was das Kind mit seinem Verhalten wirklich sagt	Wie Erwachsene (z.B. Eltern/Lehrer) sich meistens fühlen
Ziel I **Aufmerksamkeit** (will, dass andere sich mit ihm beschäftigen)	Störendes Verhalten	Ich gehöre nur dazu, wenn ich: • bemerkt werde • bedient werde	• Irritiert • Gestört • Aufgeregt • Verärgert
Ziel II **Machtkampf** (sucht Überlegenheit)	Provozierendes Verhalten	Ich gehöre nur dazu, wenn ich: • gewinne, dominiere • tue, was ich will • überlegen bin *Ich fühle mich:* bedroht, provoziert, eingeschüchtert	• Bedroht, • geschlagen • Provoziert, • Eingeschüchtert *Denkt:* „Das kann es nicht mit mir machen. Das kann ich nicht zulassen." *Fühlt:* „Ich verliere die Kontrolle."
Ziel III **Vergeltung** (will sich rächen)	Verletzendes Verhalten	Ich gehöre nur dazu, wenn ich: • anderen weh tun kann • „zurückschlagen" kann *Ich fühle mich:* wütend, verletzt. Ich hasse... Niemand mag mich	• tief verletzt • sehr wütend • hasserfüllt *Denkt:* "Wie kann es so etwas Böses tun?" "Wie kann es so böse sein?" "Wie kann ich es ihm heimzahlen?"
Ziel IV **Rückzug** (will allein gelassen werden)	Rückzugsverhalten	Ich gehöre nur dazu, wenn: • ich nicht probiere • andere nicht störe *Ich fühle mich:* hoffnungslos, depressiv, minderwertig, unfähig, erniedrigt, nicht gut. Ich gebe auf.	• extrem hilflos • sehr entmutigt • hoffnungslos • sehr angespannt • sehr besorgt

Das Hauptthema ist: Ich will mich zugehörig fühlen. Wenn ich das nicht mit meinem normalen Verhalten erreiche, dann störe ich, kämpfe ich, räche ich mich oder ziehe mich zurück. Das erste Ziel heißt **Aufmerksamkeit**. *Ich mache Unfug, ich bin faul, ich unterbreche Gespräche, ich suche immer wieder Beifall, ich stelle andauernd Fragen, insbesondere wenn Mama telefoniert, ich belästige Andere, hänge mich an Mutters Schürze.* Die Reihe können sie verlängern. Alle, die mit Kindern arbeiten, wissen, dass das so geht. Störende Kinder sind entmutigte Kinder.

Die nächste Stufe, auf die wir uns automatisch begeben, wenn wir versuchen Kinder zu zwingen, ist die Stufe des **Machtkampfes**. *Ich will tun, was ich will! Ich kann mich nur zugehörig fühlen, wenn ich dir zeigen kann,* dass ich *der* Boss *bin. Ich bin ungehorsam. Ich bin ein Querlieger. Ich bin widerspenstig. Ich streite, habe Wutausbrüche, trödele,* tue, was ich will. *Ich zögere die Sachen* so lange hinaus, bis die Lehrerin bzw. meine Mutter ärgerlich wird. *Ich will Recht haben. Ich bin unordentlich. Ich bin trotzig.* Das sind Zeichen eines Machtkampes. Vielleicht erkennen Sie einige der Kinder aus Ihrer Klasse in der ersten Kategorie (Aufmerksamkeit) und vielleicht einige in der zweiten Kategorie (Machtkampf).

Wenn Sie als Erziehungsperson in den Kampf mit dem Kind einsteigen, noch mehr Druck machen, „mit der Faust auf den Tisch hauen" oder das Kind schlagen, kommen Sie mit dem Kind in der dritten Stufe an, bei der **Vergeltung**. Das Kind fühlt sich verletzt. Es rächt sich dafür. Kinder können Eltern und Lehrerinnen derart provozieren, dass sie sich schließlich so verhalten wie sie sich eigentlich nie verhalten wollten. Wenn Kinder sich verletzt fühlen, dann wollen sie Anderen wehtun. Das entmutigte Kind verletzt Andere. Es verletzt sich selbst, es quält Tiere, es stiehlt, es legt Feuer, es zerstört Sachen, es blamiert Eltern und Lehrerinnen. Es will anderen wehtun. Das ist Rache. Rache hat viele Gesichter. Kinder aus

Lehrerfamilien kommen mit den schlechtesten Noten der Klasse nach Hause. Das ist Rache. *Ich werde es euch zeigen.* Wenn ich höre, dass eine Tochter eines evangelischen Pfarrers in die Prostitution gegangen ist, dann weiß ich: Das ist Rache. Kämpfen wir weiter mit dem Kind, kann es in der vierten Stufe, in der des **Rückzuges** ankommen. Es ist die Stufe der Hoffnungslosigkeit, der Lustlosigkeit. Das Kind gibt auf. Es will nicht mehr. Es ist desinteressiert. Es ist sehr entmutigt. Das Kind ist träge. Stellt sich dumm, hilflos. Es lebt mit einer verbissenen Passivität. Es könnte dich zur Weißglut bringen. Das Kind ist in einer Phase, wo es das Vertrauen und den Glauben an sich selbst und die Anderen verloren hat. Eltern und Lehrer stehen da, mit den Händen am Kopf und sagen: "Mein Gott, was soll ich nur mit dir anfangen?" Auch sie sind hilflos. Entmutigt.

Aussteigen! Aber wie?

Der Weg aus diesen vier Stufen heraus, zurück in das Gefühl der Zugehörigkeit, in das Gefühl des Integriertseins, in der Erfahrung, dass man zusammenarbeiten kann, dass man als wertvoll anerkannt wird, dass man gebraucht wird, dass man miteinander in Frieden leben kann, ist kein anderer als der Weg der Ermutigung. Lehrer und Eltern wollen beide das Glück des Kindes. Sie wollen eine erfolgreiche Schulzeit für das Kind. Sie sind oft unglücklich mit der Situation und beide Parteien haben Angst vor der Kritik des Anderen. Mir hat vor einiger Zeit eine Frau nach einem Vortrag einen Zettel zugesteckt mit einem schnell dahin gekritzelten Text: „Ich bin Studienrätin und ich sage ihnen: oh, der Elternabend!" Die Eltern haben Angst vor den Lehrern. Die Lehrer haben Angst vor den Eltern. Die Eltern haben Angst, ausschließlich mit den Mängeln und Fehlern ihrer Kinder konfrontiert zu werden und haben Angst, sich wieder als Erziehungsversager fühlen zu müssen. Sie bereiten sich auf einen Gegenangriff vor. Die Lehrer haben Angst, von den Eltern als unfähige Pädagogen dargestellt zu werden. Und so tun beide dasselbe. Sie suchen Fehler. Die Lehrer bei den Kindern und den Eltern. Und die Eltern schieben den Lehrern den Schwarzen Peter zu. Was beiden Parteien helfen würde: Ermutigung.

Das Umdenken

Es gibt gute Möglichkeiten, langsam umzuschalten auf ein bisschen mehr Ermutigung, mehr Vertrauen, mehr Zusammenarbeit. Es ist, in welcher Klasse Sie auch stehen und wie alt Ihre Kinder auch sind, nie zu spät damit anzufangen, den Kindern mehr Verantwortung zu geben. Der **Klassenrat**, so wie er im Folgenden beschrieben wird, ist das beste Mittel, das ich dafür kenne. Für Zuhause ist es der **Familienrat**.

Ich gebe Ihnen keine fertigen Rezepte für Ihre speziellen Situationen, sondern ich streue ernst zu nehmende und erprobte Ideen. Normal intelligente Menschen brauchen keine Rezepte, sie brauchen Ideen, die sie selbst weiterdenken können und für ihre eigene Situation passend machen können. Wenn ich Vorschläge mache für Schüler oder Lehrer, dann können Sie diese mit ein bisschen Fantasie auch für den Umgang mit den Kindern zu Hause, mit Ihren Kollegen und Kolleginnen, mit dem Partner der Partnerin umsetzen.

Ende der Entmutigung

Das Wichtigste was Sie tun können - und damit haben Sie dann für den Rest des Lebens zu tun, - hören Sie auf zu entmutigen. Das ist die beste Ermutigung. Wenn Sie damit weiterkommen, wenn Sie weniger den Besserwisser spielen, weniger den letzten Senf dazugeben, weniger meckern und nörgeln und mal den Mund halten, wenn Sie kritisieren wollen, dann liefern Sie einen gewaltigen Beitrag zur Entwicklung des natürlichen Lernpotenzials. Das ist nicht einfach, denn es bedeutet Veränderung Ihres eigenen Verhaltens. Es ist nicht leicht, eigenes Verhalten zu ändern aber es gibt keine andere Möglichkeit. Solange Sie fragen „Wer ist schuld?", denken Sie in unnützen Kategorien.

Tun Sie etwas für sich selbst

Hier sind einige Möglichkeiten, Bausteine für Eltern und Lehrerinnen.

Gut genug

Nehmen sie sich vier Tage Zeit mit folgender Absicht:
Sie werden sich selbst vier Tage lang nicht kritisieren. Sie werden sich selbst so wie Sie sind annehmen, als gut genug. "Ich bin, so wie ich bin, gut genug." Das soll der Leitgedanke sein. Ich werde weniger oder gar nicht mich selbst beschimpfen und mich nicht mit der Frage beschäftigen, ob ich gut bin oder schlecht oder ob ich hätte besser sein sollen. Ich weiß, ich bin nicht gut – im Sinne von perfekt -, ich bin auch nicht so ganz schlecht, ich bin aber gut genug. Vier Tage lang.
Stellen Sie sich vor, Sie wären wieder Kind und Ihre Eltern würden sich entscheiden, vier Tage lang nicht mit Ihnen zu

meckern nicht zu kritisieren und Sie so anzunehmen, wie Sie sind. Diese Rolle spielen Sie jetzt vier Tage lang in Bezug auf sich selbst.

Heute gut gemacht

Wenn die vier Tage vorbei sind, haben Sie eine Woche vor sich, in der Sie abends etwas aufschreiben. Sie schreiben jeweils fünf Antworten auf die Frage: „Was habe ich heute gut gemacht?"

Vielleicht finden Sie heute Abend weniger als fünf Antworten, aber morgen werden Sie sich am Tag damit beschäftigen, was Sie an dem Abend aufschreiben wollen. Dann gehen Ihre Augen auf für das, was Sie alles gut machen. Dann wächst auch Ihr Wertgefühl und Ihr Gefühl für das, was Sie für andere bedeuten und Sie merken, dass Unzufriedenheit mit sich selbst unnötig ist. Darin liegt keine Kraft für Fortschritte. Schließlich erkennt man den Wert eines Menschen erst dann, wenn man über seine Fehler hinwegsieht.

Eine andere gute Frage, die täglich auf einige Antworten wartet, ist: Wofür bin ich dankbar? Wollen Sie diese dazunehmen? Machen Sie das mal! Sie bewegen sich ja auf dem Weg der Ermutigung. Fangen Sie an, sich selbst zu ermutigen. Denn sie können nichts abgeben, was Sie selbst nicht haben. Fangen Sie an mit „Was habe ich heute gut gemacht?" und „Wofür bin ich dankbar?"

Tun Sie etwas für die Kinder

Wenn Sie den Prozess hinter sich haben, dann schauen Sie in Ihre Klasse bzw. in Ihr Kollegium, Ihre Familie, Ihre Verwandtschaft und wählen Sie eine Person aus. Diese Person werden Sie vier Tage lang nicht kritisieren. Wenn sie etwas macht, was Ihnen nicht gefällt, dann schauen Sie sie freundlich an und denken: "Ich bin ich und so wie ich bin, bin ich gut genug", und Sie ergänzen: "... und du auch!" Schauen Sie den anderen an und entscheiden Sie sich, nicht zu schimpfen, nicht zu kritisieren und nicht das zu machen, wovon Sie wissen, dass es nicht gut ist. Schauen Sie ihn nur an und denken Sie: "... und du auch!" Das Objekt Ihres Trainings kann auch Ihr Partner sein, oder der Nachbar, oder die eigenen Eltern. Vier Tage lang. Sie werden merken, dass sich Ihre innere Befindlichkeit ändert. Sie erleben: "ich reagiere nicht wie eine Maschine, sondern ich gestalte diese Beziehung jetzt selbst. Er/sie fordert mich heraus aber ich denke: ... und du auch. Nachher suche ich auch noch Antworten auf die Frage: Was finde ich gut an dir?

Gut an dir

Wenn Sie zu mir oder zu jeder anderen guten Familienberatung, Erziehungs- oder Partnerschaftsberatung kommen, wenn Sie Ihr Paket an Sorgen und Schwierigkeiten ausgepackt haben, dann kommt irgendwann die Frage: „Was finden Sie gut an diesem Kind oder Partner?" Denn Sie haben keine Chance in der Beziehung zu einem Menschen, wenn Sie nur seine Fehler sehen.

Nehmen Sie ein Heft oder Ihr Tagebuch und schreiben Sie die Dinge auf, die Sie gut finden an diesem Kind, an diesem Menschen, das/der Ihnen das Leben so schwer macht.

Ich kann nicht prophezeien, was dann genau passiert. Ich sage nur: Wenn Sie anfangen, mit Ermutigung zu arbeiten, erleben Sie kleine Wunder, weil sich Ihre Beziehung zu dem anderen ändert. Deswegen ändert sich auch das Verhalten des Kindes, des Kollegen, des Partners usw. Diese Haltung können Sie üben. Rutschen Sie wieder in die alten Gleise, dann schimpfen Sie nicht mit sich selbst. Es ist in Ordnung. Sie sind dran und Sie bleiben erst mal dran.

... und privat?

Im Rahmen dieses Prozesses nehmen Sie einmal vier Tage, in denen Sie viel bewusster in Ihr Privatleben schauen. Lehrerinnen sind ja auch Eltern oder Ehepartnerinnen. Wenn Sie mit dem Weg der Ermutigung vertrauter werden wollen, dann schauen Sie auf Ihr Privatleben. Wie gehe ich mit meinem Partner um? Welche Rolle hat bei uns zu Hause das Kritisieren? Das Besserwissen? Das letzte Wort haben wollen? Kann ich da anfangen, etwas zu ändern? Sie werden müssen!

Gut am Partner

Wenn Sie vor der Klasse anders, ermutigend sein wollen, wirkt sich das von selbst auf Ihr Privatleben aus. Deswegen immer wieder die Frage: Was finde ich gut an meinen Partner? Warum liebe ich meinen Partner? Was schätzte ich an ihm? Warum will ich ihn nicht verlieren?

Eine Frau kommt zur Eheberatung. Alleine. Ihr Mann will nicht mitkommen. Auf meine Frage: "Was finden Sie gut an ihrem Mann?", überlegt sie, macht dabei die Augen zu und sagt dann glaubwürdig: "Da muss ich passen!"

Da kann man ankommen, dass man keinen guten Draht mehr an den anderen sehen kann. Das ist das Ergebnis eines Prozesses, der irgendwann angefangen hat. Wir haben irgendwann aufgehört zu fragen: „Was finde ich gut an meinem Partner? Woran erkenne ich seine Liebenswürdigkeit?

Gut an der Lehrerin

Wenn Sie auf dem Ermutigungsweg sind, werden Sie, wenn Ihre Kinder nach Hause kommen und über die Lehrerin schimpfen, das Kind fragen: „Und was findest du gut an deiner Lehrerin?" Hier sind wir wieder in dem Dreiersystem.

So fangen Sie an, Beiträge zu liefern für eine erfolgreiche Schulzeit. Wenn Sie beitragen können, dass der eine nicht mehr über den anderen schimpft, wenn Sie üble Nachrede unterbinden können, dann tun Sie schon unendlich viel Gutes.

Gut an den Eltern

Die Lehrerinnen können ein Spiel oder eine Ermutigungsrunde machen und fragen: "Was findest du gut an deinen Eltern? Warum ist es schön, so eine Mutter oder so einen Vater zu haben?" So öffnen sie den Blick der Kinder dafür. Die Grundhaltung dessen, was ich meine, erkennen Sie in der folgenden kleinen Geschichte. Man findet sie bei Abdu'l Bahá[1] und auch bei Maria Montessori.

Der Hundekadaver

„Es geschah eines Tages zur Zeit Christi, dass Er an einem toten Hund vorbeikam. Einem übel riechenden Kadaver, widerlich anzusehen, mit faulen Gliedern. Einer Seiner Begleiter sagte: "Wie faul ist sein Gestank!" Ein anderer meinte: "Wie ekelerregend, wie abscheulich!" Kurzum, jeder hatte etwas hinzuzufügen. Aber dann sprach Christus selbst zu ihnen: "Sehet die Zähne des Hundes an!" Wie strahlend weiß sie sind!"

Der Sünden bedeckende Blick des Messias verweilte keinen Augenblick lang auf dem Widerwärtigen des Aases. Der einzige Teil des Kadavers, der keine Abscheu erregte, waren seine Zähne, und Jesus schaute auf ihren Glanz."

Abdu'l Bahá fügt dann hinzu: "So sollten wir, wenn wir unseren Blick auf andere Menschen richten, das sehen, worin sie sich auszeichnen, und nicht das, worin sie versagen."

---

[1] Abdu'l-Bahá: *Kleine Auswahl aus seinen Schriften.* Hofheim 1980

In dieser Geschichte ist eigentlich alles drin, was ich mit Ermutigung meine. Wir sehen das Ganze und schauen auf das Gute. Christus konnte auch nicht die strahlend weißen Zähne sehen, ohne dass er erst das Ganze gesehen hatte und sich entschied, seinen Blick auf die Zähne zu richten. Das gilt auch für den Umgang mit uns selbst. Wenn Sie auf sich selbst schauen, wissen Sie: „Bei mir ist noch einiges zu verbessern und das werde ich auch, aber jetzt will ich sehen, was an mir gut ist. Das Umgekehrte habe ich lange genug geübt."

Das kleine g

Alfred Adler hat in Wien oft mit großen Gruppen von Ärzten und Pädagogikstudenten gearbeitet. Bei einer seiner Vorlesungen kam eine Lehrerin zu ihm mit einem Heft von einem ihrer schwierigen Schüler und sagte zu Adler: *"Schauen Sie sich mal dieses Heft an. Meinen Sie, man kann mit dem Kind noch etwas erreichen?"* Es war wirklich furchtbar, wie da geschmiert war *und wie völlig unleserlich das Heft aussah. Adler nahm das Heft in die Hand, blätterte es sorgfältig durch und sagte: "Schauen Sie hier, dieses kleine g, das ist doch ganz gut geworden."*
Wo sind die weißen Zähne, in dieser schriftlichen Arbeit? Ich weiß, unser Schulsystem ist nicht so, aber trotzdem ist es das, was die Kinder brauchen. Sie wollen irgendwo einen Ansatz erkennen, worauf sie aufbauen können. Das kleine g. Eltern, wo ist das kleine g bei Ihnen zu Hause?

Das Loch im Strumpf

Ich bin ja ein Verfechter der Ermutigung in allen Lebensbereichen. Mir fällt immer wieder auf, dass Menschen im Grunde nicht glauben, dass wenn man auf die Stärken schaut (auf die weißen Zähne), dass dann die schwachen Stellen besser werden. Wir meinen, wir müssen in dem Loch der

Fehler herumstochern und immer wieder in dieselben Schwierigkeiten und in dieselben Fehler einhaken, damit die Fehler sich bessern. Es ist vergleichbar mit einem Strumpf, in dem man ein Loch hat und das man stopfen will. Man kann es aber nicht stopfen, wenn man in dem Loch herumstochert. Man muss da ansetzten, wo noch Stoff ist (das kleine g). Man muss dort ansetzen, wo noch das Gute ist, dann kann man das Loch schließen. Ich lebe mit der Philosophie, dass das Negative die Abwesenheit des Positiven ist. Die Dunkelheit existiert nur durch die Abwesenheit des Lichtes. Man kann das Licht, das Positive in die Dunkelheit hinein tragen, aber nicht umgekehrt. Angst nenne ich ein Loch im Selbstvertrauen. Man kann keine Angst bekämpfen. Das ist ein Loch. Man kann keine Löcher bekämpfen. Man kann Selbstvertrauen aufbauen. Dann schließt sich das Loch der Angst. Dafür muss man aber anfangen bei dem, was für den Betreffenden noch mit Selbstvertrauen besetzt ist. Man muss nicht immer auf die Fehler, mehr auf die Stärken schauen dann können Sie solche Entwicklungen erleben wie diese. Es schreibt mir ein Mann:

In der Schule war ich ein sehr zurückhaltender Schüler und ich hatte große Probleme in Deutsch. Besonders mit der Rechtschreibung. Deswegen bekamen meine Eltern immer wieder einen blauen Brief. Nachhilfe und intensives Üben zeigten keine Wirkung. Alle waren mit mir unzufrieden. Als ich in die achte Klasse versetzt wurde, wechselte meine Deutschlehrerin. Zu der Zeit war ich nebenbei sehr aktiv in der Leichtathletik. Da hatte ich meinen Platz gefunden. Da hatte ich Selbstvertrauen. Meine Leistungen standen öfters in der Zeitung. Die neue Deutschlehrerin fand das toll und lobte mich deshalb auch mal vor der Klasse. Besonders beeindruckte sie, dass ich trotz der sportlichen Erfolge so ein bescheidener, unauffälliger Schüler geblieben bin. Ich mochte sie. Nach einer Weile verbesserten sich meine Leistungen in Deutsch. Ich machte weniger Fehler und auch meine Aufsätze wurden, obwohl sie sehr kurz waren, besser bewertet. Im Abschlusszeugnis hatte ich dann eine Drei. Sein Deutsch wurde besser, nachdem er Anerkennung fand in dem Feld, wo er stark war. Was ich Ermutigung nenne, ist keine Technik. Ermutigung ist eine innere Haltung. Eine Haltung, die das Gute im Anderen sehen will. Eine Haltung, die will, dass es dem Anderen besser geht und das in dem Bewusstsein, dass das nicht über Druck oder Strafe, Kontrolle, Kritik, nörgeln oder meckern gehen kann. "Ich will, dass es dir besser geht. Ich sende dir Signale meiner Sympathie und meinen Glauben an dich. Du schaffst es schon."

Die Ermutigungsdusche

Eine Zwanzigjährige sagt rückblickend: "Das war die schönste halbe Stunde meiner Schulzeit!" Sie meinte die Ermutigungsdusche. Ein Kind sitzt vorne oder im Kreis. Alle Anderen sagen, was sie gut an diesem Kind finden. Sie duschen dieses Kind mit Ermutigung. Das ist eine wunderbare Erfahrung in einer Gruppe. Stellen Sie sich das einmal für sich selbst vor. Sie sitzen in einem Kreis und alle sagen aufrichtig, was sie gut an Ihnen finden. Wir haben so gut gelernt auf Fehler zu achten, dass es eine große Hilfe sein kann, die andere Seite zu üben. Die Ermutigungsdusche ist dafür eine wunderbare Hilfe.

Üble Nachrede

Aber dann muss man auch aufhören, hinter dem Rücken anderer Leute Negatives zu reden. Dann muss man auch dafür sorgen, dass im Kollegium nicht negativ über die Kinder gesprochen wird. So wie man auch als Eltern nicht akzeptiert, dass man negativ über die Lehrerin spricht. Auch für Mütter untereinander gilt diese Regel. „Wenn du über einen Menschen sprichst, lasse es dann etwas Gutes sein."

Das wirkungsvolle soziale Dreieck

Es gibt eine interessante Art nebenbei zu ermutigen. Wir nennen es: das wirkungsvolle soziale Dreieck. Das ist für Erwachsene genau so wichtig wie für Kinder. Man sagt nebenbei etwas Positives zu jemandem über eine Person, die in Hörreichweite steht. Eigentlich war es für sie bestimmt aber nicht direkt, sondern in diesem wirkungsvollen sozialen Dreieck. Es kann die Atmosphäre im Wohnzimmer völlig verändern, wenn Vater und Mutter bei Tisch sitzen, - die Kinder spielen in einer Ecke des Wohnzimmers - und über das sprechen was sie im Laufe des Tages Gutes an den Kindern beobachtet haben.

Eine andere Form: Wenn man zu einem Kind sagt: *"Ich merke, dass du mir nicht glaubst, aber vielleicht hilft es dir, wenn du weißt, was Frau Franke über dich zu mir sagte. Sie sagte: Das ist ein intelligenter, guter Junge, der jeden Tag kleine Fortschritte macht. Der kriegt sein Leben gut auf die Reihe. Das hat Frau Franke gesagt."*

Schriftliche Ermutigung

Eine sehr gute Art Menschen zu ermutigen ist die schriftliche Ermutigung. Schreiben Sie auf, was Sie gut an jemandem finden. Ich erinnere mich noch, als ich einmal in einem Krankenhaus lag. Ich hatte die Gelegenheit die Krankenschwestern zu beobachten. Nach zwei, drei Tagen habe ich Schwester Doris ein Briefchen geschrieben. Sinngemäß so:
Schwester Doris,
mir ist aufgefallen, dass Sie Ordnung in ihren Sachen haben, dass Sie schnell und entschieden handeln und dabei den Patienten innerlich zugewandt bleiben; dass Sie immer einen Moment Zeit haben, um eine Frage zu stellen und die Antwort abzuwarten oder auch nur freundlich zu lächeln; dass Sie ... usw.

Ich schrieb einfach auf, was ich gesehen hatte. Ich habe ihr das Zettelchen gegeben und darauf geschrieben: grüne Post für Schwester Doris. Sie war zunächst erschrocken. Sie erwartete wohl Kritik vom Patienten. Als sie das Briefchen gelesen hatte, sagte sie etwas erstaunt: "Das ist mir in all den 13 Jahren, die ich hier arbeite, noch nicht passiert." Schriftliche Ermutigungen schmeißt man nicht in den Papierkorb. Kennen Sie folgende Geschichte?

Mark

Sie war eine Lehrerin in der dritten Grundschulklasse. Einer der nettesten Kinder war Mark. Mark war höflich, er war freundlich. Manchmal, wenn er aus der Klasse herausging sagte er: "Dankeschön für den Unterricht." Manchmal, wenn er von ihr kritisiert wurde sagte er: "Danke, dass sie mich darauf aufmerksam gemacht haben, usw." Er war ein schöner Junge. Man musste ihn einfach gern haben. Später im Gymnasium traf sie ihn wieder. Er war noch genauso freundlich und noch genau so ein netter Kerl. Eines Tages, sie hatten einen neuen Begriff in Mathematik kennen gelernt, es war Freitag, war die Atmosphäre in der Klasse angespannt. Die Kinder waren müde, sie waren irritierbar. Sie als Lehrerin dachte: Mein Gott, wie komme ich über diese letzte Stunde. Da machte sie folgenden Vorschlag: Nehmt doch alle einmal ein DIN A 4 Blatt, schreibt die Namen aller Mitschüler dieser Klasse darauf und lasst unter jeden Namen noch zwei Zeilen Platz. Schreibt jetzt unter jeden Namen, was du an diesem Mitschüler oder dieser Mitschülerin gut findest, liebenswert findest *oder besonders magst.*
Die Gedanken kreisen jetzt um: Was finde ich gut an dem da? Was finde ich gut an der da? Die Atmosphäre in der Klasse änderte sich. Am Ende der Stunde gingen die Kinder aus der Klasse heraus, Mark sagte: "Danke für den Unterricht ", und die Lehrerin hat die Zettel eingesammelt und am Wochenende aus diesen 25 Zetteln für jeden Einzelnen einen

eigenen Zettel geschrieben mit den gesammelten Eigen-
schaften. Am Montag hat sie die Zettel verteilt. Einige haben
ihn sofort gelesen und gesagt: "Ich wusste gar nicht, dass
ich so beliebt bin." Ein Anderer sagte: "Ich habe nicht ge-
wusst, dass Leute das gut an mir finden, usw." Sie haben den
Zettel in ihre Taschen gesteckt. Vorbei! Es wurde auch nicht
darüber gesprochen, was sie mit den Zetteln tun könnten.
Viele Jahre später. Die Lehrerin kam aus dem Urlaub aus
den USA zurück. Sie wurde von ihren Eltern in Frankfurt am
Flughafen abgeholt. Im Auto fragte ihre Mutter: "Wie war
das Wetter? Wie war der Urlaub, usw.?" Nach einer Stille
sagte Mutter mit betonter getragener Stimme: "Vater".
Vater räusperte sich, so wie er sich immer räusperte, wenn
er etwas Wichtiges sagen wollte. "Die van Dahms haben an-
gerufen." Sie: "Ach, wie es Mark wohl geht, ich habe so
lange nichts von ihm gehört." Vater: "Mark ist bei einer
Schießerei umgekommen. Er war Polizist geworden, Morgen
ist die Beerdigung. Seine Eltern hätten gerne, dass du dabei
bist."
Es war ein dunkler Novembertag. Es war alles traurig ge-
nug. Sie trafen sich noch in einem Lokal. Dort kam Marks
Vater auf sie zu und sagte: "Hier, das haben wir in Marks
Brieftasche gefunden." Ein DIN A 4 Blatt, völlig zerfleddert,
hundertmal auf und zu gemacht und er sagte: "Wir danken
ihnen, dass Sie das für ihn getan haben. Es hat ihm offen-
sichtlich viel bedeutet." Daneben stand Irene und sie sagte:
"Ich habe meinen Zettel auch noch, er liegt in meinem Hoch-
zeitsalbum." Beatrix stand daneben und sagte: "Ich trage
ihn immer in meiner Handtasche."

Schriftliche Ermutigung. Schauen Sie, was Sie tun können.
Wenn Sie sehen, dass etwas gut ist und es passt, dann schreiben Sie es auf. Kleine Kinder, drei oder vier Jahre alt bekommen einen Zettel von Mama, einen gelben oder einen
grünen. Sie kennen ihre Farbe. Das ist meine Farbe. Dann

liest Mama vor, was darauf steht. Dann kommt der Zettel an die Pinwand. Wenn Oma kommt "muss" Oma das vorlesen. So wichtig ist es. "Das finde ich gut an dir. Das habe ich beobachtet. Das machst du schon besser. Das ist liebenswert an dir."

Der Vorname

Der Vorname ist etwas Besonderes. Nehmen Sie es als Aufgabe, öfters mit freundlicher Stimme den Vornamen zu nennen. Dort unter den Zuhörern ist Julitta, meine Frau. Nicht: meine Frau Julitta, sondern: Julitta, meine Frau. Erst den Vornamen.

Höflichkeit

Denken Sie nach über Höflichkeit. Sie werden viele Verhaltensmöglichkeiten finden, womit Sie Höflichkeit ausdrücken können.
Zu Hause kann man es sich angewöhnen, nicht durchs Haus zu rufen, sondern zum Partner oder zur Partnerin hinzugehen, ihn oder sie mit Vornamen anzusprechen und dann zu sagen was man sagen will. Höflichkeit ist eine wesentliche Form der Ermutigung. „Ich bin der Mühe wert, höflich behandelt zu werden."

Mir ist aufgefallen, dass ...

Sie kommen morgens rein, stellen sich vor die Klasse und sagen: "Mir ist aufgefallen, dass ..."
Beim ersten Mal zucken manche Kinder zusammen und denken: „Was habe ich jetzt wieder falsch gemacht?" Sie haben aber den Auftrag etwas Positives zu sagen. "Mir ist heute aufgefallen, dass ihr ruhiger als sonst in die Klasse gekommen seid. Ich habe mich sehr darüber gefreut." Das ist alles. Morgen wieder. Übermorgen vielleicht gerade nicht,

damit sie sich nicht daran gewöhnen, aber immer mal wieder. Es ist ein Ausdruck einer ermutigenden Grundeinstellung. Das geht zu Hause genau so. Abends geht das Kind ins Bett und Sie setzen sich als Elternteil noch einen Moment daneben und sagen: "Mir ist heute aufgefallen, dass du ..."

„Lieber Bernie" - Der Ermutigungsbrief

Angenommen Sie haben ein wirklich schwieriges Kind in der Klasse. Ein Kind, das Sie am liebsten nicht hätten. Wenn das Kind nicht wäre, dann wäre alles doch so viel einfacher. Schreiben Sie diesem Kind einen Ermutigungsbrief. Schreiben Sie: "Lieber Bernie ...". Da sitzen Sie nun vor Ihrem Blatt. "Lieber Bernie ..." Trotzdem, die Aufgabe ist, etwas zu schreiben, was Sie anerkennen können, etwas das Sie gut finden. Da ist ein Kadaver. Wo sind die weißen Zähne? Wo ist das kleine g? Sie haben die Aufgabe zu schreiben. Etwas in diesem Sinne: *"Bernie, du machst mir das Leben oft sehr schwer. Ich verstehe aber wie du dich fühlst. Wenn ich so eine vorbildliche, schöne, intelligente, zwei Jahre jüngere Schwester hätte, dann wäre ich auch entmutigt. Deine Eltern machen sie immer zum Vorbild für dich, obwohl du ja der Ältere bist. Da kann man ja nur verzweifeln. So gut, in ihrer Art, kannst du ja nie sein. Du würdest ja auch mal gerne in irgendetwas besser sein, aber du hast offensichtlich keine Chance. Jetzt hast du den Weg gewählt als der Beste im Stören und im Unangenehmsein aufzufallen. Die Eltern schlagen dich und schimpfen und ich ...? Ich würde dich gerne lieben können. Oft hasse ich dich. Trotzdem, wenn ich nun so in dieser Stimmung des Mitgefühls bin, erinnere ich mich, wie du dem kleinen Nanu die Schuhe zugebunden hast und wie du mit dem einsamen Nossrat gespielt hast, usw., usw."* Schreiben Sie, warum Sie ihn verstehen und was Sie gut an ihm finden. Das sind Ermutigungsbriefe. Sie dürfen auch eine Woche daran schreiben. Immer mal ein paar Sätze. Das ändert Ihre Befindlichkeit und damit die Beziehung. Geben Sie den Brief aber nie ab. Den Brief schreiben Sie für sich selbst. Er soll in, Ihnen die Weichen anders stellen.

Tun Sie etwas mit den Kindern

Das Ermutigungsheft

Schüler beschäftigen sich oft mit den Fehlern und dem Kritisieren ihrer Mitschüler. Folgender Vorgang kann Schüler daran gewöhnen, auf die positiven Eigenschaften ihrer Klassenkameraden zu schauen.

1. Es findet ein Klassengespräch statt. Lehrerin und Schüler besprechen dabei, wie Menschen Aufmerksamkeit auf sich lenken können. Es wird auch darüber gesprochen, dass die Menschen tatsächlich auch Aufmerksamkeit brauchen. Wenn man bespricht, wie ein Schüler die Aufmerksamkeit des Lehrers bekommen kann, erzählen die Kinder gewöhnlich, wie das in negativer Weise gelingt. Dann fragt die Lehrerin, wie Schüler positive Aufmerksamkeit bekommen können.

2. Die Schüler nennen Punkte, wie sie die positive Aufmerksamkeit der Lehrerin bekommen können. Die Lehrerin fragt, wie sie voneinander Aufmerksamkeit bekommen können bzw. wie sie ihren Mitschülern positive Aufmerksamkeit schenken können.

3. Jetzt wählt der Lehrer einen Schüler aus der Gruppe aus. Am besten wählt sie einen Schüler, der Schwierigkeiten in der Klasse hat. Sie fragt die Klasse, was sie gut finden an dem ausgewählten Schüler. Die Erfahrung lehrt, dass die Schüler gewöhnlich viele Dinge finden, die sie gut finden, oder an ihm mögen.

4. Nachdem die Schüler die positiven Punkte ausgesprochen haben, fragt die Lehrerin, an wie viele Aussagen der Schüler sich noch erinnern kann. In der Regel erinnert er sich noch an zwei oder drei Bemerkungen.

5. Da er sich nicht mehr an alle positiven Aussagen erinnert, fragt die Lehrerin die Gruppe, was sie tun können, um dem Schüler zu helfen, sich leichter an die Ermutigungen zu erinnern. In der Regel entscheiden die Schüler, die Aussagen aufzuschreiben, zu heften, und dem ausgewählten Schüler zu schenken.

6. Jetzt bespricht die Lehrerin diese Vorgehensweise als eine neue Methode und lässt die Klasse entscheiden, wie oft sie so ein Heft für einen Schüler anlegen wollen. Meistens beschließt die Klasse, es zwei oder dreimal die Woche zu tun.

7. Die nächste Frage im Klassengespräch ist, wann die Aktivität durchgeführt werden soll. Soll es vor oder nach der Mittagspause sein? Nachdem die Zeit vereinbart wurde, macht entweder ein Schüler oder die Lehrerin eine Zusammenfassung.

8. In der Zusammenfassung wird die Zeit für das neue Vorhaben festgelegt und auch dass dabei etwas Positives über den betreffenden Schüler geschrieben wird. Die Seiten mit den positiven Bemerkungen werden geheftet und mit Tonpapier gebunden. „Unser Freund…" könnte auf dem Titelblatt stehen.

9. Der Schüler kann dem Lehrer die Ermutigungen vorlesen oder sein Heft ohne vorzulesen mit nach Hause nehmen. Das ist ihm überlassen. Die Erfahrung lehrt, dass die Atmosphäre in der Klasse viel positiver wird, wenn man zwei Monate mit diesem System gearbeitet hat. Die Schüler gewöhnen sich daran, positives Verhalten ihrer Klassenkameraden zu sehen anstatt Nega-

tives. Diese neue Einstellung bringen sie auch mit in die Familie.

Die Karteikarte

Die Karteikarte wird benutzt für Gespräche mit den Kindern, für Gespräche mit den Eltern, für Gespräche mit Eltern und Kindern zusammen. Es geht um Folgendes:

1. Die Lehrerin hat eine Karteikarte, die sie in der Mitte faltet. Auf der einen Seite schreibt sie positive Kommentare über das Kind, über sein Lernen und das soziale Verhalten, auf der anderen Seite schreibt sie die Aspekte, woran das Kind noch arbeiten muss.

2. Vor oder nach der Schule hat sie ein etwa zehnminütiges Gespräch mit dem Kind. Sie erklärt dem Kind, wie sie seine Fortschritte sieht und fragt es, ob es da noch etwas ergänzen kann. Das gilt auch für die negative Seite der Karte.

3. Während des Gespräches mit den Eltern, bei dem das Kind möglicherweise dabei ist, orientiert sich die Lehrerin an den positiven Notizen oder sie spricht über die Art wie sie vor hat, die Probleme zu lösen. Die Lehrerin erklärt den Eltern, dass sie und das Kind daran arbeiten werden, dass sein Lern- und Sozialverhalten an den Schwachstellen besser wird Mit anderen Worten: Die Dinge, die in der Schule passieren, bleiben bei Lehrerin und Kind. Die Eltern brauchen keine Verantwortung dafür zu übernehmen, wie das Kind sich in der Schule verhält. Dies gibt schon eine Menge Entspannung insbesondere für Eltern, die sich Sorgen machen über die Kinder. Das heißt nun nicht, dass Lehrerin und Eltern nicht zusammenarbeiten sollen, nein, es nimmt die Eltern nur aus der Rolle des

Polizisten heraus in Bezug auf die Schulsituation des Kindes.

4. Dann erzählt die Lehrerin, wie und was sie mit dem Kind vor diesem Elterngespräch besprochen hat. Sie nennt noch einmal alles, worin das Kind gut ist und Fortschritte macht und erwähnt noch einmal, wie sie und das Kind zusammen an Schwachstellen arbeiten werden. Die Lehrerin ist sehr ehrlich mit den Eltern aber nicht entmutigend, denn sie bespricht beide Seiten des Kindes.

5. Die Lehrerin versucht gedanklich festzuhalten, woran das Kind zu arbeiten hat, um Fortschritte zu machen. Sobald sie nun sieht, dass das Kind einen Versuch in Richtung der Verbesserung macht, schickt sie eine kleine Notiz an die Eltern. In dieser Notiz sagt sie nur: *"Wie Sie sich aus unserem Gespräch erinnern, wollte Helmut ja daran arbeiten, auf seinem Platz sitzen zu bleiben. Ich möchte Ihnen berichten, dass er darin heute gute Fortschritte gemacht hat. Ich sehe, dass er daran arbeitet. Ich bin sicher, dass Sie froh sind, zu hören, dass er sich sehr bemüht."*

Dieser Schritt, die Eltern nach dem Elterngespräch zu benachrichtigen, ist einer der Allerwichtigsten. Wenn nämlich Fortschritte nicht wahrgenommen werden, fällt das Kind bald wieder auf sein Ausgangsniveau zurück.

Viele Lehrer haben berichtet, dass sich die Atmosphäre in der Klasse erheblich geändert hat, nachdem sie dieses System eingeführt haben.

Aufgaben verteilen

Sobald Sie glauben, dass Kinder dazu fähig sind, machen Sie eine Übersicht über alle Aufgaben, die in der Klasse zu erledigen sind. Hausaufgaben einsammeln, Hausaufgaben wieder austeilen, Pflanzen und Blumen Wasser geben, die Tür aufmachen, wenn geklopft wird, die Tafel sauber machen, dafür sorgen, dass der Schwamm sauber ist, und was es alles so an Aufgaben in einer Klasse gibt, die die Lehrerin auch im Grunde alleine machen könnte. Es geht ja darum, dass die Kinder sich zugehörig und gebraucht fühlen und dass sie sich in ihrer Rolle als Schüler nützlich fühlen können. Lehrerin und Eltern sammeln zusammen diese Ideen. Die Kinder dürfen sich schriftlich bewerben für eine Aufgabe. "Ich ... bewerbe mich für die folgende Aufgabe ... Meine Vorerfahrung ist ..., deswegen glaube ich, dass ich das kann." Das Kind unterschreibt diesen Zettel und gibt es der Lehrerin. So werden die Rollen verteilt. Jeder hat einen verantwortungsvollen Job, der ihm nicht einfach zugeteilt wurde, sondern wofür er sich selbst dazu fähig findet und nach reiflicher Überlegung entschieden hat. Deswegen erledigen die Kinder dann auch ihre Aufgaben.

Der Familienrat

Das gilt natürlich auch für die Familie. Eine Mutter schreibt Folgendes:

Früher gab es bei uns in der Familie immer Streit und Kampf um diverse kleine Aufgaben im Haushalt, zum Beispiel: Müll herausbringen, Getränke aus dem Keller holen, Geschirr abtrocknen, Küche fegen oder die Schmutzwäsche in den Keller bringen. Immer wieder forderten mich die Kinder heraus. Immer wieder gab es neue Diskussionen auch unter den Kindern. Jeder hatte das Gefühl, er müsste mehr tun als der Andere. Das war sehr nervenaufreibend und unbefriedigend für uns. Dann hörte ich von dem Familienrat. In einem Familienrat setzten sich Eltern und Kinder zusammen und beraten. Nachdem ich meinen Kindern und meinem Mann begeistert darüber erzählt hatte und alle einverstanden waren, einen Familienrat durchzuführen, fingen wir an. So findet nun seit etwa einem halben Jahr jeden Sonntag ein Familienrat bei uns statt. Als Erstes unterhielten wir uns über den Stress, den wir mit den bereits erwähnten Aufgaben hatten. Wir stellten das Thema zur Diskussion und gerade von den Kindern (9 und 14 Jahren) kamen erstaunlich gute Vorschläge. So gibt es heute vier Kärtchen. Von meinem Sohn am PC liebevoll gestaltet, auf denen Aufgaben geschrieben sind. Jeder erhält nur ein Kärtchen und ist eine Woche für diese Aufgabe zuständig. Beim nächsten Familienrat sammelt der Vorsitzende - dieser wechselt jede Woche, und auch die Kinder kommen dran - diese Kärtchen ein und gibt sie neu verteilt wieder aus. So kommt jeder einmal mit Geschirr spülen usw. an die Reihe. Diese Verteilung finden die Kinder sehr gerecht und erfüllen pflichtbewusst und pünktlich ihre Aufgaben meistens ohne meckern. Für uns hat sich der Familienrat in vieler Hinsicht als sehr positiv erwiesen. Wir besprechen alle Termine der kommenden Woche usw.

Das ist im Grunde sehr ähnlich wie das, was in den nächsten Kapiteln über den Klassenrat berichtet wird.

Der Vorteil vom Familienrat[1] oder Klassenrat ist: Die Kinder entwickeln den Mut, nachzudenken. Sie lernen, wie man Probleme löst. Sie lernen, Respekt voreinander zu haben. Sie lernen zuzuhören, Gedanken und Gefühle auszudrücken und sie lernen, zu ermutigen und Komplimente anzunehmen. Das Selbstvertrauen wächst, weil sie sich zugehörig fühlen und weil sie merken, dass sie beitragen können, und einander helfen können. Auf jeden Fall verringern sich die Probleme in den Gruppen, wo diese Methode angewandt wird.

---

[1] *„Der Familienrat"* Ausgabe vom VpIP (Verein für praktizierte Individualpsychologie) Mehr Details: www.familienrat.eu

Und wer ermutigt die Lehrerin?

Warum eigentlich nicht die Eltern? Was können die Eltern tun, um die Lehrerin wissen zu lassen, dass sie mit ihrer Arbeit zufrieden sind?

Die Eltern schreiben an die Lehrerin:

"Liebe Frau ..., Simon kam gestern begeistert aus der Schule. Die Ermutigungsrunde, die Sie gemacht haben, hat ihm viel Freunde gemacht und Selbstvertrauen gegeben. Es gefällt ihm bei Ihnen."

Oder: *"Liebe Frau ..., unser Jannik kommt in Mathe schon viel besser zurecht. Er fühlt sich sicherer, nachdem Sie sich etwas Zeit für ihn genommen haben. Ich danke Ihnen dafür."*

Oder so: *"Sehr geehrte Frau ..., Anita geht gerne zur Schule. Sie spricht immer gut von Ihnen. Es ist sicher nicht immer leicht, mit 28 Kindern tagtäglich gut zurechtzukommen. Mein Kompliment."*

Und wer ermutigt die Eltern?

Warum sollten Lehrerinnen nicht öfter ein kleines Briefchen an die Eltern schreiben, über die guten Seiten und die Fortschritte der Kinder? Beispiel: *"Liebe Frau ..., ich wollte Sie wissen lassen, dass Jan heute Fortschritte in der Lesegruppe gemacht hat. Er war sehr konzentriert und konnte anschließend mehrere Fragen gut beantworten. Ich denke, dass Sie das interessiert. Sie können zufrieden mit ihm sein."*

Zwei Minuten Zeit hat das Briefchen gekostet.

Die Erfahrung lehrt uns, dass die Kinder in einer ermutigenden Atmosphäre diese Art des Umgangs schnell übernehmen und anfangen, das Gute zu benennen, bei ihren Eltern und bei der Lehrerin.

Wenn Sie mit den hier genannten Ideen anfangen wollen, oder wenn sie den hier im Folgenden beschriebenen Klassenrat einsetzen wollen, dann tun Sie das. Fragen Sie nicht, was die Anderen wohl davon denken. Machen Sie es wie der Frosch in folgender Geschichte:

Die Frösche

Die Frösche hatten einen Kletterwettbewerb ausgeschrieben. Zwanzig hatten sich gemeldet, um den Kirchturm hochzuklettern. Alle anderen Frösche standen als Zuschauer um den Kirchturm herum und riefen: "Unmöglich, das schaffen sie natürlich nie! Ach, die Armen!" Sie fingen an zu klettern und fielen zurück. Sie kletterten weiter und einige waren schon einige Meter hoch gekommen aber unten klang es nur: "Ach, die Armen, dass schaffen sie nicht, das ist ja unmöglich! Die machen sich doch nur lächerlich." Tatsächlich, nach einer Anzahl von Metern waren sie so gut wie alle zurückgefallen. Nur einer ging immer noch weiter und unten riefen sie trotzdem: "Hör doch auf, das geht doch gar nicht! Das schaffst du nie!" Er kam aber oben an, ließ sich wieder zurückrutschen und alle fragten neugierig: "Wie hast du das geschafft?" Dann stellten sie fest: Er war taub!

In diesem Sinne: viel Erfolg!

2

Wir wollen einander helfen

Ewald Müller

Kürzlich lernte ich eine Lehrerin kennen, die von Kindern und Eltern hoch geschätzt wird, weil sie es ausgezeichnet versteht, den Unterricht interessant und effektiv zu gestalten und darüber hinaus sehr feinfühlig und individuell auf Kinder eingeht. Gerade zu schwierigen Kindern hat sie einen „guten Draht". Trotzdem wird ihr die Last zunehmend bewusst, wenn sie feststellt: „Ich weiß nicht, wie ich mit dieser so lebendigen Klasse weiter umgehen soll und wie ich auf Dauer mit dem Streit und den Aggressionen der Kinder zurechtkomme."
Diese Frage hat sich vor etlichen Jahren auch mir - für mich selbst überraschend und in ungewöhnlicher Deutlichkeit - gestellt.

Ich möchte Ihnen gerne etwas darüber erzählen und Sie teil-
haben lassen an meiner Suche und den Irr- und Umwegen,
die ich gemacht habe. Vielleicht ist manches dabei, worüber
Sie lächeln können, vielleicht auch etwas, das Ihnen von
Nutzen ist.

Die ersten Anfänge

Ich bin nun seit über dreieinhalb Jahrzehnten Lehrer und der-
zeit an einer Grundschule tätig.

Es war in den späten Sechzigerjahren, als ich an eine Schule
kam, wo der Leiter sagte: „Hier sind die Kinder. Nehmen Sie
diese. Sie können mit ihnen machen was Sie wollen, nur
unterrichten müssen Sie sie." Es waren 56 Erstklässler. Der
sogenannte Babyboom hat damals die Schule erreicht und
wir hatten ein Drittel der Klassen, die ohne Lehrer waren. So
mussten wir uns sehr behelfen. Ich habe die Kinder eingeteilt
in A- und B-Klasse. Der Stundenplan für mich sah die ganze
Woche durch so aus: Zwei Stunden A-Klasse, zwei Stunden
B, am Nachmittag wieder A; am nächsten Tag umgekehrt: B
- A - B. Sie können sich vorstellen, dass das nicht nur sehr
anstrengend war, sondern dass es da nicht sehr um demo-
kratische Formen ging, eher um das Überleben des Lehrers.
Natürlich ist es dabei auch zu Spannungen und zu
Schwierigkeiten in der Klasse gekommen. Daher kam mir
das Wort „Demokratisierung" für meine damalige Arbeit
nützlich vor. Es war ja schließlich das achtundsechziger Jahr,
welches Vieles davon in aller Munde gebracht hat.

Daraufhin habe ich einfach begonnen, in der Klasse Gespräche anzubieten. Meist wöchentlich je eine Schulstunde.
Die Kinder sollten dabei sagen können, was ihnen gut gefiel
und was nicht und sie sollten Wünsche vorbringen können.
So konfrontierte ich die Schüler mit dieser Gesprächsform
und es war eigentlich eine befreiende Sache für beide Seiten.
Die Schüler sprachen allerdings fast nur über den Unterricht.

Positives und Negatives kam ans Licht. Zeitweise hat sich ein Kind getraut auch mit mir ein Hühnchen zu rupfen und klagte, dass ich zu streng gewesen sei oder dass ich zu viele schlechte Noten gegeben hätte. Die Wortmeldungen waren meist von der Klasse an mich gerichtet. Aber, die Kinder haben sich artikuliert. Manchmal waren sie auch mit Äußerungen anderer Kameraden nicht einverstanden. Dadurch ist dann ein richtiges Gespräch zustande gekommen. Die Feststellungen der Kinder und ihre Wünsche habe ich ernst genommen und notiert, obwohl ich oft versucht gewesen bin, dagegen zu sprechen.

Eines Morgens, nach einem solchen Klassengespräch, kam meine erste Klasse ins Schulhaus herein, geführt von einer Lehrerin, schön in Zweierreihen. Ein langer Gang lag zwischen dem Eingang und unserer Klasse. Ich habe an der Klassentüre gewartet, als sich plötzlich ein Kind aus der Reihe löste, ein Mädchen, es war Doris. Sie rannte mir mit ausgebreiteten Armen entgegen, warf sich mir in die Arme und dann um den Hals und keuchte:

„Mein Lehrer, i han die ganz Nacht nit schlofa künna!" Ich fragte verwundert: „Ja, warum denn?" Und sie antwortete etwas verlegen: „Weißt, ich glaube, ich habe gestern zu fest geschimpft mit dir."

Dieses Ereignis ist mir in lebhafter Erinnerung geblieben und ich habe gespürt, dass da ein Ventil für die Kinder geschaffen war, wenn sie das Gefühl haben konnten, gehört zu werden und mitgestalten zu dürfen. Ja, dann gewann das, was sie selbst sagten mehr an Bedeutung.

Kennenlernen der Sehnsüchte

Später arbeitete ich dann auch an einer Sonderschule mit Kindern. Im ersten Jahr waren es 23 Kinder in zwei verschiedenen Schulstufen. Da lagen natürlich viele Schwierigkeiten dicht beieinander. Der Großteil der Kinder stammte aus problembelasteten Familien und die Bandbreite der Lernschwächen war enorm.

Als Klassenlehrer unterrichtete ich dort auch Religion. Diese Religionsstunde benutzte ich dazu, mit den Kindern das Büchlein „Liebe macht das Leben schön" durchzuarbeiten. Darin waren fortlaufende Sequenzen mit Bild und kurzem Text aus dem Zusammenleben in der Familie oder in der Schule aufgezeichnet. Pro Stunde wollte ich eine solche Sequenz mit den Kindern aufarbeiten. Zum Beispiel folgendes Thema:.Das Kind ist krank, Mutter und Vater kümmern sich, sie verzichten auf einen Besuch bei Freunden, bleiben daheim und die Zuwendung und Liebe helfen dem Kind sehr. Ich wusste nicht und hätte es nicht geglaubt, welche Verletzungen in diesen - meinen - Kindern steckten und sich explosionsartig Luft verschafften. Sie riefen: „Das stimmt gar nicht! Mein Papa geht immer weg!" Oder: „Das ist meiner Mama gleichgültig! Die kümmert sich überhaupt nicht um mich!" Und sie begannen zu erzählen, wie sie sich zu Hause fühlten.

Ich hatte alle Mühe sie halbwegs im Zaume zu halten. Irgendwie fand ich dann den Faden und stellte die Frage: „Aber wie möchtet ihr es? Wie hättet ihr es gerne?" Dann haben sie den Bogen gespannt und ihre Sehnsucht geäußert. Es kamen Sätze wie: „Ich hätte so gerne, dass die Mama mehr bei mir ist." – „Ich mag nicht, dass der Papa so viel trinkt." – „Ich möchte, dass der Papa mit mir spielt." – „Ich möchte, dass die Mama lieb mit mir ist... ." Daraufhin haben wir bei uns in der Klasse versucht, das irgendwie greifbar zu machen. Wir sind in den Kreis gestanden, haben eine Szene wiederholt und die Wünsche ausgesprochen. Wir haben uns um die Schultern gefasst und gesagt, wie wir jetzt zueinander lieb sein wollen. Gegenseitig haben wir uns Mut gemacht, dass wir jetzt beisammen sind und lernen gute Buben und Mädchen und später frohe Mütter und Väter zu sein, an denen ihre Kinder richtige Freude haben.

In der großen Pause sind diese sieben- bis neunjährigen Sonderschüler in den Schulhof gestürmt und haben nach verschiedenen selbst erfundenen Melodien gesungen: „Liebe macht das Leben schön!"

Das war auch etwas, an dem ich hautnah spürte: Ich muss diesen Kindern die Möglichkeit des Ausdrucks geben und ich muss das Positive in der Gegenwart erfahrbar machen.

Wieder nach einiger Zeit arbeitete ich an einer heilpädagogisch-kinderpsychiatrischen Station. Es ist mir sehr zugutegekommen, was ich bis dorthin mit Kindern erlebt hatte. Aber an dieser Station ging es mehr um die Stützung des Einzelnen, um Einzelgespräche.

Danach bin ich ganz aus dem Klassenverband ausgestiegen und hatte nur noch in zweiter Linie mit den Schülern zu tun, als ich an einer größeren Grundschule für die Verwaltung und die pädagogische Leitung zuständig war.

Dort hat sich mein Blick geweitet, weil ich gleichzeitig für verschiedene Probleme in allen Klassen Ansprechpartner von Lehrpersonen und Eltern war.

Die Ernüchterung

Die direkte Arbeit mit den Kindern fehlte mir aber sehr und so wagte ich nochmals den Sprung, um als Klassenlehrer an einer kleinen, zweiklassigen Bergschule meine Kenntnisse anzubringen.

Voller Elan habe ich begonnen und gedacht, mit so viel Erfahrung im Rucksack und an einer so kleinen Schule werde ich meinen Ideen und meinem Engagement ohne Schwierigkeiten freien Lauf lassen können und wir werden gemeinsam ein schönes Leben genießen. Das muss ja ein Traum sein. Und der war es dann auch.

Mit mir hat eine Kollegin an dieser Schule neu begonnen. Sie hatte ein Jahr Praxiserfahrung, war also noch voll des Wissens der gesamten akademischen Pädagogik. Wir haben miteinander begonnen und haben gemeinsam denselben Schock erlebt. Einen Praxisschock, der in meinem Alter schon sehr tief gesessen ist. Ich bin mit den Kindern außerhalb des Unterrichts nicht zurechtgekommen. Der einzige Trost war, die Kollegin auch nicht.

Das, was sich dort im Pausenhof abgespielt hat an Streitereien, an körperlichen Attacken, an Grobheiten und harten Vokabeln, die sie sich an den Kopf geschmissen haben, an Ausgrenzungen, an Cliquenbildungen, das habe ich bis dahin nicht erlebt. Selbst an der großen Schule, wo ich immer wieder einspringen musste, weil da auch Kleinkriminalität mit Erpressungen und Vandalismus vorkamen, hatte ich den Eindruck, dass wir mit Hilfe der gutwilligen Schüler und der Eltern einen Ausgleich schaffen und die Situation steuern konnten. Vielleicht ist mir an dieser kleinen Schule, die ja so überschaubar war, alles viel mehr aufgefallen. Aber mir schien der Boden unter meinen pädagogischen Füßen zu wanken. Selbstverständlich bin ich hineingefahren mit Feuer und Schwert und habe gerufen: „Nein, nein Leute, so geht das nicht!" Die Rechnung habe ich umgehend bekommen. Sie haben mir kühl geantwortet: „Das geht Sie doch nichts an, was wir in der Pause und nach der Schule tun!"

Phase eins

Dann habe ich versucht zu belehren, ich habe gepredigt, ich habe sogar eines Morgens die Bibel mitgenommen und ihnen vorgehalten, als sie vor mir gestanden sind. „Ihr seid doch alle Christen!", habe ich gedonnert und ihnen aus dem Matthäusevangelium vorgelesen, wie Jesus zu Beschimpfungen und Streit gestanden ist. Aber meine Bekehrungserfolge waren äußerst dürftig.

Wahrscheinlich haben die Schüler jedoch nicht mit meiner Hartnäckigkeit gerechnet. Ich bin in einer Weise drangeblieben, dass sich eine erste Veränderung ergeben hat. Diese Veränderung war, dass sie den direkten Streit abgebrochen haben und zu mir gekommen sind. Und ich habe lange gar nicht gemerkt, dass ich damit unbewusst in ihren Streit und ihren Kampf hineingeschlittert bin.

Phase zwei

Das ist ungefähr ein Jahr so gegangen. In den Ferien bin ich etwas mehr zum Denken gekommen und habe beschlossen: So geht das nicht weiter!

Irgendwie hatte ich noch im Hinterkopf, dass ich an einer anderen Schule mit Regeln verschiedene Situationen beruhigen konnte.

Bei Schulbeginn fragte ich dann die Kinder: „Was wollt ihr für euch selbst? Wollt ihr wirklich Streit untereinander, wollt ihr hart und ausgrenzend miteinander umgehen?" Sie wollten es natürlich nicht.

Darauf kam meine Idee und ich sagte ihnen: „Probieren wir es doch mit folgender Regel: Wenn etwas vorkommt, das nicht passt, dann sagt zu demjenigen zum Beispiel: Lass das bitte! Oder: Ich mag das nicht! Oder: Bitte hör auf! Also sagt das zuerst, redet, schlagt nicht zu oder schreit nicht gleich, sondern sprecht miteinander."

Ich habe geglaubt, es sei besonders klug und habe vorgeschlagen, sie sollen die anderen um Stellungnahme bitten, wenn der erste Schritt nicht zum Erfolg führe. Wenn auch das nicht nütze, dann sei ich ja auch noch da und dann würde ich eingreifen. Sozusagen als dritte oder letzte Instanz. Die Schüler haben daraufhin die Worte der Regel angenommen.

Das hat sich dann ungefähr so angehört, wenn etwas Ungutes vorgekommen ist: „Bitte hör auf! Bitte hör auf! Bitte hör auf! - Herr Lehrer, ich habe dreimal gesagt, bitte hör auf, und der hat nicht aufgehört!"

Wir haben uns bemüht zu erklären, zu verbessern, die Regel auswendig zu lernen und mussten einsehen: Die Worte wurden aufgenommen, aber sie wurden als Waffe benutzt. Die Kinder machten auch nicht den Umweg über die Stellungnahme von Mitschülern, sondern kamen gleich direkt zu mir oder zur Kollegin. Dadurch haben wir aus diesem ganzen Zwiespalt und diesem Kampf nicht herausgefunden.

Die Kollegin und ich haben viel miteinander gesprochen und überlegt und sind zur Erkenntnis gestoßen: Wir müssen den Kindern mehr Verantwortung übergeben. - Aber wie machen wir das?

Phase drei

Wieder in den Ferien haben wir uns hingesetzt und Literatur gesucht. Am Buch von Gordon mit dem Titel „Lehrer-Schüler-Konferenz"[1] sind wir hängen geblieben. Ich habe mich auch erinnert, dass ich vor langer Zeit schon irgendwie Klassengespräche angeboten hatte und wir haben ausgemacht, das nun sofort einzuführen.

Der erste Versuch sah ungefähr folgendermaßen aus. Wir reservierten wöchentlich eine Stunde - und zwar die letzte Stunde am Freitag - für dieses Klassengespräch. Die Kollegin hatte so etwas noch nie gemacht und bat mich daher, ihre Klasse zu diesen Gesprächen dazu zu nehmen, weil es ja alle gleichermaßen betreffe. Sie wollte dabei sein und Hilfe stellen, so gut sie konnte. Also gingen wir gemeinsam ans Werk.

Die Struktur war so einfach wie ehedem.
1. Frage: Was ist gut? 2. Frage: Wo gibt es Probleme? Diese wollten wir dann bearbeiten.

---

[1] Thomas Gordon kannte die Ideen von A. Adler und R. Dreikurs und begründete darauf seinen erfolgreichen Kommunikationsansatz (Dr. S. Warnung).

Der Hauptpunkt, den wir uns vorgenommen hatten, war: Wir bringen die Probleme, die auftauchen, hier zur Sprache. So kommen wir Lehrpersonen ein wenig aus dem Schussfeld heraus, in dem wir in der Pause und auch dazwischen immer stehen. Wir wollen diese Probleme aufarbeiten und mit allen Kindern zusammen Beschlüsse fassen. Wenn alle einen Punkt miteinander beraten und beschlossen haben, muss er doch von allen akzeptiert werden. Ein Schüler wurde gewählt, um den Vorsitz zu führen und die Wortmeldungen zu verteilen. Der Lehrer durfte das Gespräch koordinieren und nebenbei auch ein bisschen Protokoll führen, damit der Verlauf und die Erledigungen klar wurden und um die Beschlüsse festzuhalten. Soweit schaute sich das recht gut an und wir haben konsequent danach gearbeitet.

Positive Veränderungen blieben nicht aus.

Die erste Veränderung war die Erkenntnis, dass die Kinder sowohl organisatorisch als auch inhaltlich großes Interesse zeigten, weil sie merkten, dass hier ein offizielles Forum für ihre Anliegen geschaffen worden war. Die Schüler waren beisammen und sie wurden gehört. Die Möglichkeit, dass jeder Schüler öffentlich Stellung nehmen konnte, war sehr wichtig. Daneben ist es uns selbst gelungen einen Schritt auf die Seite zu machen, indem wir in der Pause auch sagen konnten: Bringe das bitte am Freitag beim Klassengespräch vor. Das war eine echte Entlastung. Wir haben auch bemerkt, dass im Verhalten der Schüler eine Veränderung eingetreten ist. Allein dadurch, dass sie Fehlverhalten von anderen ans Licht bringen konnten, dass dies vor allen Schülern besprochen wurde und nicht mehr nur die Starken oder die Großen aus der vierten Stufe das Sagen hatten, sondern dass da ein Erstklässler ebenfalls etwas vorbringen konnte, das dasselbe Gewicht hatte, das hat ihnen sehr gut getan.

Beschlüsse wurden mit größter Mehrheit gefasst.

Beispielsweise waren die älteren Buben die Könige des Pausenhofes und beanspruchten für das Fußballspielen den größten Teil des kleinen Platzes. Die Frage tauchte natürlich auf, wo denn die anderen spielen sollten und ob sie nicht das gleiche Recht geltend machen könnten. Nach gründlicher Überlegung wurde eine Regelung gefunden, mit welcher der Platz eingeteilt wurde. Der Beschluss wurde fast von allen unterstützt, in der Praxis wurde er eingehalten. Beim kleinsten Verstoß konnte auch ein Kind der niedrigeren Klasse darauf hinweisen. Und es war ein ganz besonderer Fortschritt, dass jene Schüler, mit denen es sonst so große Schwierigkeiten gab, dies akzeptierten.

Dies alles war eindeutig positiv. Wir haben diese Art des Gespräches wiederum ca. ein Jahr lang durchgezogen. Natürlich ging auch nicht alles so reibungslos, wie es scheinen mag. Einmal wöchentlich eine Unterrichtsstunde und das die letzte in der Woche, das war sehr ungünstig. Es hat sich zu viel angestaut. Zwei- oder dreimal ein bisschen davon, wäre leichter zu verdauen gewesen als alles auf einmal und das noch am Schluss der Woche. Dann: Alle Stufen beisammen, die Sechsjährigen neben den Zehn- bis Elfjährigen, ergab ein großes Ungleichgewicht. Vor allem waren es zwei verschiedene Klassen. Wir haben gemerkt, dass wir hier organisatorisch umstellen mussten.

Die Struktur war ja sehr einfach. Es gab nur zwei Fragen. Nachdem die erste Frage nach dem Positiven durchwegs mit Enthusiasmus in zwei Minuten erledigt war, waren wir auch schon bei den Problemen und beim Negativen angelangt, wofür dann achtundvierzig Minuten Zeit zur Verfügung standen. Selbstverständlich war es wichtig, das zu bearbeiten. Jeder wollte auch ad hoc seinen Beitrag dazu bringen und so sind wir vom Hundertsten ins Tausendste gekommen. Ich bin wieder dagestanden wie ein Dompteur, um abzublocken, um vorzugeben, um zu verlangen, kurz, um die ganze Arena im Zaum zu halten.

Im Prinzip war es die übermäßige Problemorientiertheit, die uns wie in einem Strudel erfasste. Beschlüsse konnten in diesem Rahmen nur in besonderen Fällen, welche die ganze Schule betrafen, durchgesetzt werden. Allein für Gesprächsleitung und Protokoll schien es in dieser Phase gut zu sein, das bei der Lehrperson zu belassen. All die anderen Dinge riefen aber dringend nach Verbesserung und ich spürte selbst: Das halte ich so nicht mehr aus. Die Kollegin war mir immer sehr dankbar, dass ich diese Stunde über die Bühne brachte, aber ich bin mit hängender Zunge ins Wochenende geschlichen.

Trotzdem, die Erkenntnis drang bis in die Haarspitzen, dass da ein echter Fortschritt geschehen war. Dass die Kinder diese positiven Möglichkeiten tatsächlich für sich in Anspruch genommen hatten, trieb uns voran. Die Kinder haben die Situation ganz normal empfunden. Es hat ihnen gar nichts ausgemacht, wenn es drunter und drüber ging und ich „Halt" schreien musste. Sie haben sich recht wohl gefühlt in ihrer Haut. Sie haben die Gegebenheit einfach angenommen und diese zu ihren Gunsten effektiv genutzt. Als ich das erkannte, dachte ich mir: Wenn das in dieser Form schon so gute Ergebnisse zeigt, müssen doch schon Erfahrungen mit ähnlichen und besseren Formen gemacht worden sein.

Die Spur zur Individualpsychologie

Ich bin dann etwas offensiver geworden und habe verschiedene Lehrpersonen und auch Mütter angesprochen und begeistert von unseren Erfahrungen und auch von unserer Suche erzählt. Zuerst traf ich eine Mutter, eine gute Bekannte, die gesagt hat: „Du, ich habe ein Buch gelesen von Rudolf Dreikurs, das hat mir sehr gut geholfen." Kurz darauf habe ich mit einem Lehrer gesprochen, der gerade die Montessori – Ausbildung machte. Er teilte mir mit, dass sie Buchempfehlungen von Rudolf Dreikurs bekommen hatten und er konnte mir gleich einige Titel nennen. Darauf führte mein erster Weg zur Buchhandlung und ich habe alles, was über Dreikurs greifbar war, aufgekauft. Ich bin mit einem ansehnlichen Stapel Bücher nach Hause gekommen und habe mich da eingelesen.

Nicht lange danach traf ich einen weiteren Kollegen, der mir sagte, er mache im Rudolf-Dreikurs-Institut[1] bei Fulda eine Ausbildung. Das elektrisierte mich fast und ich habe mich ausführlich nach den Inhalten erkundigt. Er erläuterte mir die Idee der Ermutigung und lud mich mit meiner Frau zu einem Encouraging-Training Schoenaker-Konzept ein, weil er, wie er sagte, noch Leute zum Üben brauche. Meine Frau und ich haben dann dieses Training mitgemacht. Nach einigen Einheiten tauschten wir miteinander unsere Erfahrungen aus und stellten fest, dass wir beide völlig überrascht waren über den Erfolg des Trainings. Nie zuvor hatten wir so fruchtbare Wochen mit derart positiven Beziehungen innerhalb unserer Familie erlebt. Es waren vor allem die Themen des Kurses, sein Aufbau und die Herausforderung, die Erkenntnisse sofort ins Leben umzusetzen, was uns diese wohltuenden Erfahrungen machen ließ. Da war mir auch schon klar, dass ich diese Trainerausbildung ebenfalls machen wollte.

Inzwischen wurde ich auch in der Literatur fündig. Neben den hervorragenden Büchern von Dreikurs und seinen Mitarbeitern fesselte mich besonders eines, das eine seiner Schülerinnen verfasst hatte. Jane Nelson hat in „Kinder brauchen Ordnung"[2] ganz praktische Ideen zu Klassengesprächen veröffentlicht, die Praktiker wie John M. Platt u. a. im Schulbereich entwickelt und weitergegeben haben. Die Autorin hat mich aber auch ganz persönlich begeistert. Als Mutter von sieben Kindern hat sie zwischendurch studiert und die Individualpsychologie nicht nur theoretisch kennen-

---

[1] Ab 1999 „Adler-Dreikurs-Institut" www.adler-dreikurs.de
[2] dzt. vergriffen. Inhaltliche Beschreibung siehe dieses Buch.

gelernt, sondern sie als die Psychologie der Wahl für Erziehung und Beziehung im gesamten sozialen Bereich angewandt. Als Trainerin von Eltern und Lehrern sammelte sie reiche Erfahrung. Ich habe gespürt: Diese Frau weiß, wovon sie spricht. Als ich den Abschnitt über das Klassengespräch, das sie „Klassenkonferenz" nennt, gelesen hatte, fühlte ich das intensivste Aha-Erlebnis meines Lebens: „Das ist es! Genau das werde ich machen!" In meiner Begeisterung habe ich der Kollegin davon erzählt und sie wurde nicht weniger von der neuen Idee angesteckt als ich selbst. Sofort haben wir begonnen, die neue Form - in jeder Klasse für sich -, umzusetzen. Anfänglich schauten wir beim Auftreten neuer Situationen im Buch nach wie in einer Bedienungsanleitung. In kürzester Zeit lief es aber wie von selbst.

Der Rahmen

Um das Ganze durchschaubar zu machen, möchte ich es Ihnen anhand einiger Punkte aufzeigen:
Die erste Übersicht behandelt die „Äußere Struktur", also das, was von außen erkennbar wird. Der erste und überaus wichtige Punkt der äußeren Struktur ist: die „**Tagesordnung**". Diese kann folgendermaßen aussehen: Es folgen einige Exemplare aus unserer Klasse.

Exemplar 1: Linke Spalte positiv; rechte Spalte negativ

ist das schön?
Marion Hat Mir Mit
dem bleistift In
den finger gestochen
stefanie

das Lukas Mich gehauen
Hat
ALEXANDRA

Das ist schön!

ALEXANDRA
HAT
MICH GISTÖRT
VON JÜRGEN

LUKASATMIRSIPF-
ELSANDRA

LUKASCHATMICH
GESTÖRT STEFANIA

LUKAS HATMIR
DIZUNGERAUSGESTRE
KT
ALEXANDRA

ALEXANDRA ANGELOGEN
HAT MIK
MARION
KK
21.1.
P4

MARION
HAT MICH
ANDER
HAREGZOGGEN
ALEXANDRA

Ketten-
reaktion
✓

MARIONCHATMI
GESCHL AGNSADRA

ALEXANDRA
ATNICHNGILOQLENO
SANDRA

Tagesordnung   Exemplar 2
positiv

Tagesordnung Exemplar 2
negativ

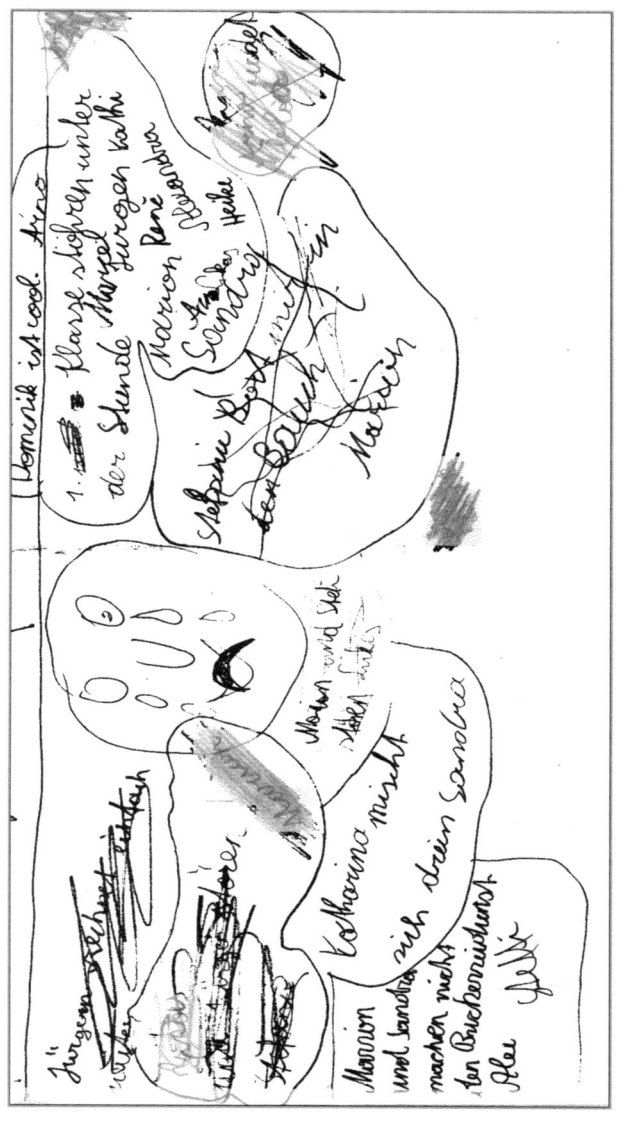

68

Marion, Alexandra und ich spielen immer in der Schule uns während ...

Stefanie hat mir ihre Rote Farbe geliehen
Marion

Daniel hat mir den Radierer gegeben
Stefanie

Mich freut es dass ich mit der Stefanie fahren darf
Alexandra

Oben ist ein lachendes Gesicht. Hier können die Schüler aufschreiben, was sie Gutes gesehen und erlebt haben während der vergangenen Tage. Sie sind also aufgefordert, mit „guten" Augen zu schauen. Im unteren Bereich ist ein weinendes Gesicht. Hier werden Dinge aufgeschrieben, die den Kindern zum Problem geworden sind. Was hier steht, ist die Tagesordnung für den Teil des Klassenrates, der sich mit den Lösungen für unangenehme Situationen befasst. Das, was auf dieser Tagesordnung steht, das wird besprochen. Nichts anderes!

Erst mit der Zeit bin ich darauf gekommen, welchen Effekt diese Tagesordnung noch hatte. Sie war erst einmal ein Ventil für die Kinder, sowohl für das Negative als auch für das Positive. Sie konnten das offen schriftlich fixieren und hatten die Sicherheit, dass es nicht vergessen wurde. Sie haben sich dadurch entlastet. Es konnte auch mitten in einem Konflikt sein, in dem ein Partner sich unterlegen fühlte und der dann zur Tagesordnung schritt und mehr oder weniger lautstark betonte, dass er es für den Klassenrat aufschreibe. Wer etwas aufgeschrieben hatte, war das Problem los. Jeder wusste: Im gemeinsamen Klassengespräch wird das nochmals behandelt und da ist auch ein Schwacher nicht allein. Das offene Aufschreiben beruhigte die Situation und weil es ja immer einige Zeit dauerte, bis die Probleme im Klassenrat behandelt wurden, kühlten die Emotionen ab. Deshalb gibt es die Anweisung, dass kein Streitthema sofort behandelt werden soll. Die Phase der Abkühlung ist für eine sachliche Problemlösung Voraussetzung.

Des weiteren darf nur jeder von sich aus etwas auf die Tagesordnung schreiben, wenn er es auch mit seinem Namen unterschreibt. Bei einem anderen etwas zu streichen oder hinzuzufügen ist tabu. Oft geschieht es aber, dass jemand, über den etwas Unangenehmes angeschrieben wurde, Kontakt mit dem Unterzeichner aufnimmt. In vielen Fällen kommt nach einiger Zeit eine Regelung unter den betroffenen Kindern zustande und der Unterzeichner löscht seinen Eintrag. Manchmal wird ein Problem während der Klassenkonferenz zurückgezogen, weil es nicht mehr wichtig erscheint oder sich in der Zwischenzeit schon erledigt hat. Siehe Tagesordnungsbeispiele.

Es kommt zuweilen auch vor, dass ein Kind vor der Tagesordnung steht und seinen Namen mit einer Ermutigung unter dem lachenden Gesicht entdeckt. Das kann zur Folge haben, dass plötzlich eine ganze Serie von positiven Einträgen zustande kommt. Auch wenn irgendwann die Problemhälfte des Blattes fast gefüllt ist, die Hälfte mit den guten Aussagen aber noch leer aussieht, wollen verschiedene Kinder nicht hinnehmen, dass es nur Probleme gibt, und mühen sich, das Positive zu sehen. Andere werden dadurch angesteckt und helfen dabei ein Gleichgewicht herzustellen. Es ist oft feststellbar, dass Kinder, die weniger im Mittelpunkt stehen, eher gutes Verhalten anderer auf die Tagesordnung setzen. Dies ist meist Auslöser einer Kettenreaktion, bei der das erste Kind ebenfalls lobend erwähnt wird.

Dass sich die Lehrperson besonders aus den emotional geladenen Streitsituationen heraushalten kann, indem sie Kläger ermutigt, das Problem auf die Tagesordnung zu schreiben, wirkt sich auf die eigene psychische Hygiene und auf die Beziehung zu den einzelnen Kindern ungemein wohltuend aus.

Diese Tagesordnung ist in ihrer Einfachheit unwahrscheinlich wertvoll. Es fällt mir schwer, sie entsprechend zu würdigen.

Der zweite Punkt der äußeren Struktur betrifft die **Leitung des Gesprächs.**

Bei uns gibt es eine Klassenpräsidentin oder einen Klassenpräsidenten, der ca. alle sechs Wochen sein Amt an den neu gewählten Nachfolger weitergibt. Ist gerade eine Präsidentin im Amt, führt diese den Vorsitz des Klassenrates. Sie nimmt die Tagesordnung von der Pinnwand, eröffnet die Versammlung und beginnt mit den positiven Punkten, die auf der Tagesordnung stehen. Das ist bereits die schriftliche Anerkennung für einige Mitschüler. Dabei ist es schön zu beobachten, wie sich die Betroffenen freuen und bedanken. Danach gibt es auch den Applaus für jene, die solche Anerkennungen aufgeschrieben haben.

Darauf folgt die direkte Ermutigungsrunde. Die Vorsitzende erteilt reihum jedem das Wort, der eine Ermutigung aussprechen will. Je nachdem hört sich das etwa so an: „Ich möchte über Melanie etwas Gutes berichten: Sie spielt in der Pause immer mit mir und wir haben es sehr lustig." - „Danke." - „Heute haben Sandra, Kathi, Chris und ich in der Pause einen Tanz gelernt. Das war ganz toll." - „Es freut mich, dass Dominik mich immer in seine Mannschaft wählt." – „Rebecca kann ganz gut tanzen und singen. Sie ist auch sehr nett zu mir." - „Danke, das freut mich." - „Ich finde es schön, dass Arno zu mir gesagt hat, ich sei gut in Mathematik." – „Danke Marcel." ...

In der Regel gibt es bei uns zwei solcher Runden. Das ist so richtig entspannend. Das ist so angenehm, dass die Kinder darauf keinesfalls verzichten wollen, auch wenn die Zeit knapp ist und ein wichtiges Problem ansteht. Und wenn eine Ermutigung an mich gerichtet ist, freue ich mich darüber genauso wie jeder andere.

Der nächste Punkt ist der **Lösung von Problemen** gewidmet. Dabei sind wir auf Wahrheitssuche und Lösung eingestellt, nicht primär auf Schuldigensuche. Wir sind auf Verstehen, Helfen und etwas dafür Tun eingestellt, nicht auf Bestrafung. Wiedergutmachung ist im größtmöglichen Ausmaß verpflichtend.

Im Verlauf des Klassenrates ergibt sich manchmal interessanterweise eine fast paradoxe Situation. Es kann sein, dass jemand einem Mitschüler, der immer wieder aneckt, eine Anerkennung gibt. Im nächsten Punkt, wo es um Probleme geht, wird vom selben Schüler, der den anderen eben ermutigt, hat aus der Tagesordnung ein Verhalten angegeben, das er ihm ankreidet. Das gehört einfach dazu, das ist normal geworden. Ich selbst staune immer wieder. Die Kinder schauen gerne mit positiven Augen. Sie suchen das Positive und finden es. Dabei lassen sie sich vom Negativen praktisch nicht beeinflussen. Sie spüren: Das ist etwas Anderes und das wird separat bearbeitet. So ergibt sich eine heilsame Ausgewogenheit.

Nichts ist besser als Konsens

In einem weiteren Punkt besteht die Möglichkeit, Pläne zu machen oder Fragen einzubringen. Hier möchte ich gleich ein Beispiel erzählen, eines, das mir schief gelaufen ist:
Es ging um einen Ausflug. Die Kinder brachten Vorschläge ein und wir sind einfach nicht auf einen Nenner gekommen. Irgendwie ist auch ein ungutes Wort gefallen, das ich gar nicht richtig mitbekommen habe und schon haben sich zwei Parteien gebildet. Schlussendlich waren die meisten für einen der Vorschläge und wir stimmten darüber ab. Einige waren aber noch in ihren Emotionen gefangen und wollten die Entscheidung nicht akzeptieren. Ja sie betonten, dann eben nicht mitzukommen. Jetzt bin ich dagestanden. Fast eine Stunde haben wir dazu gebraucht, um eine Mehrheit zu gewinnen. Nun war ich etwas sauer, was ich natürlich nicht hätte zeigen dürfen. Darauf verkündete ich, dass es in diesem Fall keinen Ausflug gebe, weil wir keine Einigung zustande gebracht hatten. Da sind sie erschrocken. Die Rebellen haben eingelenkt und gemeint, dass sie dann halt mitgehen würden. Ich blieb dabei, keinen Ausflug mehr zu machen und habe klargestellt, dass ich ihre Entscheidungen ernst nehmen muss und meine eigenen auch. Für uns alle war das wie eine kalte Dusche. Doch wir wurden wacher für die Realität.
Unter dem Titel einer Exkursion ging ich später mit der Klasse einen Tag auf Reisen, um den Verzicht erträglicher zu

machen, achtete aber darauf, dass der Unterrichtscharakter nicht ganz verloren ging. Die grundlegende Schwierigkeit war aber nicht gelöst und so konnte ich nicht ganz zufrieden sein.

Durch eine Einladung über das Alfred Adler – Institut in Zürich bekam ich die Gelegenheit, einer Lehrerin während des Klassenrates zuzusehen. Dabei wurde zufällig auch über ein Ausflugsziel gesprochen. Aus dieser Beratung habe ich einen wichtigen Tipp mitgenommen. Die Versammlung hat nämlich zuerst vereinbart, dass nur Ziele in Frage kommen, die von allen akzeptiert werden können. Bei nächster Gelegenheit habe ich in derselben Form versucht, eine Einigung bei Vorliegen verschiedener Möglichkeiten zu erreichen. Anfangs brachte ich den Antrag ein, dass nur jene Möglichkeiten realisierbar seien, die wir einstimmig fassen können. Nach kurzer Erläuterung war dieser Antrag angenommen. Daraufhin wurden Vorschläge dazu gesammelt. Nun kamen diese zur Abstimmung, wobei ein weiterer Tipp wertvolle Hilfe leistete. Dieser sah so aus: Alle schließen die Augen und der Lehrer liest einen Vorschlag nach dem anderen vor, wobei die Teilnehmer die Hand heben, wenn sie sich vorstellen können, diese Möglichkeit anzunehmen. Der Lehrer zählt jeweils nur durch, wie viele den Vorschlag nicht unterstützen. Sind zwei oder mehr Abstimmungen ohne Gegenstimmen gemacht worden, wird mit einfacher Mehrheit entschieden, welche Variante zum Zuge kommt. Wenn immer Gegenstimmen aufgetaucht sind, kann man jene zwei Vorschläge mit den wenigsten Gegenstimmen nochmals beraten und eventuelle Fragen klären. Dann wird nochmals blind abgestimmt. Findet ein Vorschlag ungeteilte Zustimmung, so ist es gut, ansonsten wird keiner der Anträge durchgeführt. Seit der Einführung dieser Abstimmungsart gab es die Probleme, die wir früher hatten, nie mehr.

Die Disziplin bei der Beratung

Den Vorsitz führt also im Prinzip der Klassenpräsident. Er erteilt das Wort und ruft gegebenenfalls zur Disziplin. Wenn es aber um Gesprächsführung geht wie im letzten und vorletzten Punkt, ist das dem Lehrer übertragen, damit Effizienz und Effektivität auch in der Grundschule gewahrt bleiben, ohne die Kinder zu überfordern.

Noch ein Wort zur Gesprächsdisziplin. Selbstverständlich sind die Schüler auch in ihrem Element und je nach Temperament bringen sie ihre Beiträge. Ich hegte lange den frommen Wunsch, die Kinder mögen sich nur brav und gesittet benehmen und legte ihnen dies auch immer wieder ans Herz. Dabei versuchte ich tolerant und geduldig zu sein und stellte fest, dass die Kinder fröhlich weiter mischten, während ich immer mehr in Spannung geriet. Unweigerlich kam ich zu dem Punkt, an dem ich sagte: „So kann es nicht weitergehen. Ich bin ganz unglücklich. Ich mag niemanden wegschicken, aber so will ich nicht mit euch arbeiten. Was sollen wir tun?" Drauf haben die Kinder nüchtern gesagt: „Dann soll halt der Klassenpräsident den wegschicken, der stört."

Es wurde gemeinsam festgelegt, dass bei Zwischenrufen oder anderen Störungen eine Ermahnung durch den Vorsitzenden gegeben wird, im Wiederholungsfall wird der Schüler an den Platz geschickt, um eine bestimmte Schreibarbeit zu erledigen. Ist er mit der Arbeit vor Ende der Sitzung fertig, zeigt er sie kurz dem Vorsitzenden und kann wieder im Kreis Platz nehmen.

Als während des weiteren Klassengespräches ein Kind aufstand und wegging, wollte ich es zurückhalten. Es erklärte mir, dass der Klassenpräsident es an den besagten Platz geschickt habe. Ich hatte die Aufforderung des Vorsitzenden gar nicht mitbekommen und auch nicht geglaubt, dass Schüler solche Vereinbarungen so selbstverständlich um-

setzen können. Was ich in meiner Befangenheit nicht zustande brachte, geschah durch die Delegierung an den Klassenpräsidenten leicht und unauffällig.
Allein durch diese äußere Struktur des Klassenrates haben wir sehr gute Erfahrungen gemacht. Aber das ist nur das Äußere.

Der Inhalt

Das Wesentlichere ist die innere Struktur, vielleicht müsste man sagen, die innere Dynamik. Diese wird wirksam durch eine Grundeinstellung und diese Grundeinstellung heißt: **„Wir wollen einander helfen."**

"**Wir wollen einander helfen!**" Wir wollen zusammen helfen, etwas wieder gut zu machen. Wir wollen einander helfen, Positives dorthin zu setzen, wo es notwendig ist. Das ist das Herzstück, das aus der Mitte Wohlwollen und Mut zuspricht. Es signalisiert Zughörigkeit auch in einer belasteten Beziehungssituation. Es schafft Raum, in dem die seelischen Kräfte des Einzelnen entfaltet und erprobt werden. Deshalb steht am Anfang das Schauen mit den "guten" Augen, das Schenken von Ansehen, das Finden von Anerkennenswertem.
Der Wille, gute Lösungen für Probleme zu finden, wird gestärkt. Die Bereitschaft, Konsequenzen zu übernehmen, ebenso. Daraus erwächst eine Selbstverständlichkeit, mit der schwierige Sachverhalte auf den Tisch gelegt und problematisches Verhalten von Mitschülern angesprochen werden. Um der Wahrheit am nächsten zu kommen, sind alle gefordert, freundlich, unabhängig und klar Stellung zu beziehen.
Die Sicherheit des Wohlwollens und die Sicherheit, dass alle Probleme glasklar zur Sprache kommen, ergeben ein emotionales Gleichgewicht, das eine gute Gesprächskultur

gewährleistet. Angriffe sind nicht mehr notwendig und Verteidigung wird ruhiger und sachlicher.

Wenn die freie Rede und der offene Beitrag zum Verhaltensproblem eines Kameraden auf dem unbedingten - und immer wieder bewusst zu machenden - Boden des "einander Helfens" praktiziert wird, wenn die gemeinsame Beratung "das Gutmachen" für jede Seite im Blick behält, entspringen daraus gerechte Lösungen und Entscheidungen, die dem weiteren Zusammenleben dienlich sind. Meistens kommen dann die Vorschläge zur Bereinigung, die normalerweise von beiden Seiten zu akzeptieren sind, von den Betroffenen selbst.

In einem solchen Rahmen geschieht Entwicklung.

Zu sich stehen und andere gelten lassen, die eigene Meinung darlegen und zuhören, die andere Seite verstehen lernen und Distanz halten, damit die Handlungsfähigkeit gewahrt beleibt. Da wird der eigene Mut, der vorher gestärkt wurde, erprobt, Einsicht reift und die Entscheidungen werden annehmbar.

Sowohl die einzelne Person als auch die Gruppe erleben eine lebendige Lern- und Läuterungsphase, und ich möchte nicht verheimlichen, dass ich als Lehrer und Moderator ebenfalls davon profitiere.

Nicht selten haben mich gewisse Problempunkte viel mehr bedrückt als die Kinder, und ich wurde allein durch die geradlinige, aufrichtige Art des Umganges mit ihnen entlastet. Oft ging ich auch selbst, durch die Kinder ermutigt und gestärkt, von der Schule nach Hause.

Erziehung soll die Entwicklung des Kindes fördern und es zu dem leiten, was es befähigt, höhere Eigenschaften zu erwerben, um entsprechende Taten zu vollbringen, die dem Fortschritt unserer Kultur und dem Wohl der Menschheit dienen.

„Wenn du Menschen anhalten willst, Schiffe zu bauen", erläuterte ein weiser Mann seine Vision, "dann trommle nicht Männer zusammen, um Holz zu beschaffen, Aufgaben zu verteilen und die Arbeit anzuleiten, sondern lehre sie die Sehnsucht nach dem endlosen Meer." Wenn die Sehnsucht nach dem Meer, die Sehnsucht nach den geglückten Beziehungen im Leben wären, das Schiff aber das Transportmittel dorthin, um die geglückten Beziehungen zu erreichen, dann müsste dieses Schiff "Beratung" heißen und das Steuer "Wir helfen einander". Das Schul-Schiff hieße: "Klassenrat".

Und Staunen dürfte den weisen Mann erfassen, dass bereits kleine Kinder kundig an diesem Schiff zu bauen vermögen und gleichzeitig mit Freude und klarem Blick wertvollste Kenntnisse über das Meer des Lebens erlangen. Unsere Kinder sind so wie andere. Se haben das Instrument "Klassenrat" kennen gelernt und möchten es nicht mehr missen. Mit Freude nützen sie es, und mir scheint, sie haben damit auch einen wesentlichen Teil Selbstverantwortung übernommen, der ihnen zugleich Selbstwert vermittelt. Die Mühe der Lehrperson aber wird täglich neu belohnt.

Dieser Gedanke ist so tiefgreifend und so wichtig, dass ich merke, ihn noch gar nicht ganz erfasst zu haben. Aber als ich nur begonnen habe zu erahnen, welche Kraft in diesem grundlegenden Prinzip liegt, habe ich das auch in meiner Familie eingeführt. Dies war dann auch der Durchbruch für unseren Familienrat zu Hause, weil unsere Kinder dieser Grundlage vorbehaltlos zustimmten: **Wir wollen einander helfen und wir ermutigen einander!** Es geht in den Gesprächen mit unseren Kindern zu Hause und in der Schule nicht darum, dass wir uns Fehler vorhalten, es geht nicht darum, dass jemand eine Strafe bekommt, sondern es geht darum, dass wir miteinander besser auskommen und dass wir einander helfen, damit dies möglich wird. Es geht darum, ungute Ergebnisse wieder gut zu machen und zugleich darum, dies dem „Übeltäter" zu erleichtern. Er soll den Weg finden können, seine ursprüngliche Ansicht, die vielleicht den Kampf als einziges Mittel sah, zu revidieren. Wir wollen die Schwierigkeiten lösen und gemeinsam helfen, dass weniger Schwierigkeiten auftreten. Und es geht darum, dass wir die Probleme mit solchen Augen anschauen, dass wir zwischendurch sogar darüber lachen können.

Das will ich gerne noch ausführlicher darstellen, weil hier etwas Wesentliches auftaucht. *Es geschieht Entwicklung.* Sowohl Entwicklung des Einzelnen als auch Entwicklung der Gruppe.

In einer einfachen Darstellung soll das deutlicher werden:

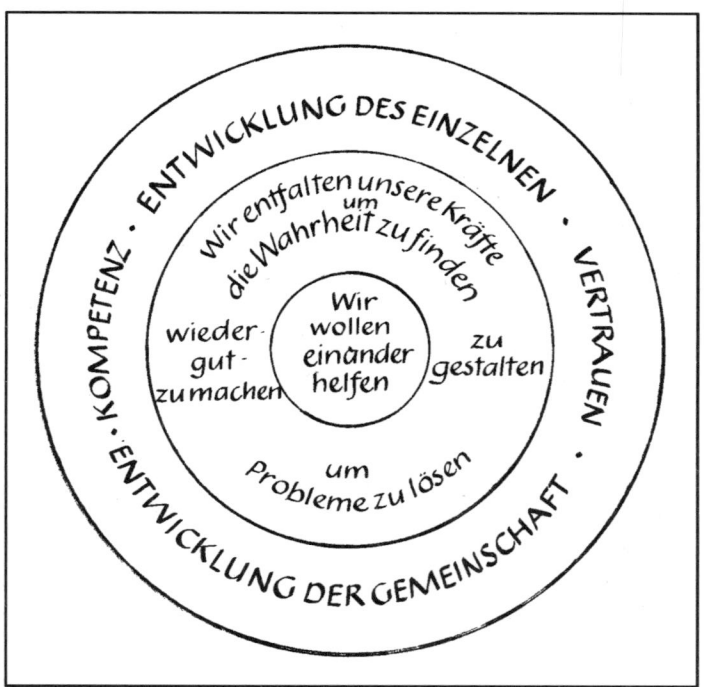

Als innerster Punkt, der nach außen wirkt, steht: Wir wollen einander helfen. Das ist unsere Grundlage. Selbstverständlich muss das immer wieder in Erinnerung gebracht werden. Zum Beispiel dadurch, dass am Beginn des Klassenrates die Frage gestellt wird: Wozu sind wir da? Unter welchem Gedanken wollen wir miteinander arbeiten? Dann ist er wieder präsent. Wir sind sozusagen wieder angeschlossen an die Grundidee. Diese Idee wird natürlich auch gestützt durch die übrigen Vereinbarungen in der Klasse, z.B. jener über die „Klassenregeln" oder die „Dienste in der Klasse". In den „Klassenregeln" wurden ja ihre eigenen Wünsche nach guten Beziehungen formuliert, da kommen die Sehnsucht nach dem Wohlfühlen und die Bereitschaft zur eigenen Mitarbeit zum Ausdruck.

Ist nun Streit oder Verunglimpfung aufgetreten, soll das in der bestmöglichen Form wieder-gut-gemacht werden. Dazu müssen wir **alle** etwas tun. Der „Missetäter" soll nicht länger meinen, nur durch Streit könne er zu seinem Recht kommen oder durch Schimpfworte. Wir sind herausgefordert, ihm unsere gute Einstellung zu zeigen. Auch wenn das nicht immer offen sichtbar wird, bleibt doch die richtige Absicht erhalten. Diejenigen, die direkt in den Streit verwickelt waren, haben je nach Situation direkte Wiedergutmachungen zu leisten.

So werden Probleme gelöst, so wird ausgeglichen und so können wir miteinander Gemeinschaft gestalten.

Bevor eine logische Konsequenz beschlossen wird, erhält der Betroffene die Möglichkeit von sich aus einen Vorschlag zu machen. Meist will er sich dann entschuldigen. Das wird angenommen und betont, dass dies ein sehr guter erster Schritt ist. Diesen kann er sofort ausführen. Das wirkliche Gutmachen als logische Konsequenz folgt darauf.

Der tiefere Sinn

Wenn wir in dieser Weise die Problemsituationen miteinander bewältigen, dann stärken wir die seelischen Kräfte des Kindes. Wissen, Wollen und Lieben sind im Kind angelegt und drängen nach Wachstum und Herausforderung. In einer Beziehungsschwierigkeit gegenüber einer Sache oder einer Person ist **jedes** Kind innerlich angesprochen und kann seinen Auftrag zur Lösung aufgreifen. Die geistige Einstellung im Sinne des „Gemeinschaftsgefühls" ist in diesem bewusst wahrgenommenen Übungsfeld aktiviert. Das ist ein offensichtlicher Qualitätsunterschied gegenüber einem technischen Lösen oder Abhaken des Punktes. Dies hat eine andere Dimension.

Trotzdem kommen zum hundertsten und tausendsten Mal Dinge vor, die nicht sein sollten, wo ich beginne zu zweifeln und nicht weiß, ob es den Schülern oder mir an den notwendigen Fähigkeiten mangelt. Dann hole ich die Kinder heraus in den gewohnten Kreis, wie wir ihn jeden Morgen bilden, und spreche darüber, wie der Kreis unserer Gemeinschaft zerstört wird und wie auch jetzt eine Unterbrechung besteht. Oft haben wir schon von dem gesprochen, was wir Seele nennen und dieser Seele nachgespürt. Die Kinder haben gezeigt, dass sie einen feinen Zugang zum Gesichtspunkt der Seele aufweisen. Vielleicht hat diese Sicht eine Ähnlichkeit mit dem eigenen Wunsch, der das Grundlegende für uns – das Geborgensein, das gute Auskommen mit anderen, das liebevolle Helfen, die glücklich machende Beziehung, das eigene Gestaltenkönnen – im Auge hat und es aus Abstand und mit Übersicht betrachtet. Was wäre dann unserer Seele am Wichtigsten, was würde sie dann an der unguten Situation ändern? Und was denkt sich nun jeder selbst in seiner Seele, wie er helfen könnte, das jetzige Problem, das ja eigentlich gar nicht so groß ist, aufzulösen?

Ohne etwas zu sagen und ohne gleich etwas zu tun, gehen die Kinder darauf schweigend wieder an ihre Arbeit. Oft habe ich gleich eine Veränderung bemerkt. Manche Kinder strahlen Wissen oder Zuversicht, Kraft, Klarheit, Verstehen und Mut aus. Noch nie hatte ich den Eindruck, dass ein Problem dann genau so bestehen blieb, wie es vorher war. Oft aber war die nachfolgende Zeit länger von einer spürbaren Herzlichkeit geprägt.

Wahrheit und Gerechtigkeit

Die Kinder haben ein sehr gutes Gespür für Wahrheit. Die Herausforderung zur eigenen Wahrhaftigkeit ist im Klassengespräch besonders groß. Die Teilnehmer reden sehr offen und unklare Darstellungen werden sofort zurechtgerückt. Wir nähern uns der Wahrheit nach unseren Möglichkeiten. Soweit also die Wahrheit eines Sachverhaltes zugänglich ist, soweit wird sie von uns erforscht und gefunden. Es gibt allen eine ruhige Sicherheit zu erleben, dass wir praktisch immer an den Punkt kommen, der als wahr akzeptiert wird. Das scheint mir eminent wichtig und das stärkt in hohem Maße die Identifikation mit unserer Klasse und mit unserer gemeinsamen Arbeit. Vertrauen in uns und unser Handeln wird jeweils neu gewonnen.

Wenn aufgrund der Sachlage Entscheidungen getroffen werden, sind sie gerecht und sie sind auf Dauer dem Einzelnen und der Gemeinschaft dienlich.

Kurze Zusammenfassung

Was hier mehr von der praktischen Seite der Erfahrung vorgestellt wird, ist ein Instrument, das die Kriterien, die es zu erreichen vorgibt, in sich selbst birgt. Nicht umsonst stehen unsere Kinder auf diesem Klassenrat und fordern ihn ein. Ich glaube jedoch, dass der wesentliche Punkt die zentrale Einstellung ist, dass wir da sind, um einander zu helfen, einander Gutes zu tun oder etwas wieder gut zu machen. Das dient der Entwicklung der Kinder und der Gemeinschaft und das erleben sie intensiv. Sie können in dieser Art der Zusammenarbeit wirklich etwas bewegen. Gerade wenn Dinge schief gelaufen sind, sind sie gefragt, tragen sie zur Lösung bei. Sie benützen ein Instrument, das sie immer besser kennenlernen und mit dem sie immer leichter und effektiver umgehen.

Die Verhaltensprobleme werden von den Kindern selbst bearbeitet, gleichzeitig werden diese verringert und verlieren an Bedeutung. Dies ist ganz entscheidend wichtig für den Lernprozess im Unterricht, der dadurch sowohl zeitlich als auch emotional entlastet wird. Dasselbe gilt für den Klassenlehrer als Person. Er kann sich aus Streit heraushalten und auf den Klassenrat verweisen, für die ja beide Teile zuständig sind. Er gewinnt Vertrauen, er gewinnt mehr Zeit und Ruhe, weil der psychische Stress deutlich reduziert ist. Die Atmosphäre in der Klasse ist heiterer, gelöster, offener und sachlicher.

Demütige Erinnerung

Ein Beispiel, in dem deutlich wird, welche Kompetenz Grundschüler erreichen können, möchte ich hier anführen.

An einer zweiklassigen Schule, in der in jeder Klasse zwei verschiedene Schulstufen zu unterrichten sind, ist ein Lehrerwechsel ein tiefer Einschnitt. Nicht nur die Schüler müssen sich umgewöhnen, die neue Lehrperson steht vor einer großen Herausforderung, weil sie diese Art des Unterrichts normalerweise kaum kennengelernt hat. Auf diese Weise traf es mitten im Schuljahr eine jüngere Kollegin, die erste und zweite Schulstufe zu übernehmen und die fehlenden Stunden auf die Lehrverpflichtung in meiner Klasse zu halten. Dazu bot sich unter anderem das Fach bildnerische Erziehung an, zudem ein Wahlfach der

Kollegin. Plötzlich kamen Kinder meiner Klasse zu mir und beschwerten sich. Sie verlangten, dass ich mit der Kollegin reden soll. „Das ist eure Sache. Wenn ihr etwas besprechen wollt mit eurer Lehrerin, so bittet sie um ein Gespräch", war meine Antwort. Sie ließen nicht locker und behaupteten, dass ein Gespräch mit ihr nicht möglich sei und dass sie nur „zusammengepfiffen" würden. In alter Manier hielt ich mich heraus und verwies auf die Tagesordnung. Die Kinder stürmten dorthin, um ihr Problem aufzuschreiben und mir schoss es durch den Kopf: „O je, jetzt habe ich es am Hals!" Die Gewohnheit, ungeklärte Dinge mit den Leuten zu beraten, die es betrifft, war meinen Schülern klar und sehr willkommen. Das hieß: Wir mussten die Lehrerin zu unserem Klassenrat einladen. In der nächsten Pause habe ich der Kollegin berichtet, dass Kinder über Probleme in ihrer Unterrichtsstunde gesprochen und diese an die Tagesordnung geschrieben haben. Ich fragte sie, ob sie bereit wäre an der Sitzung, in der das behandelt werde, teilzunehmen. Sie hat sofort zugesagt. Als die Schüler erfuhren, dass die Lehrerin in der nächsten Besprechung anwesend sein werde, kam ihre Schadenfreude auf und sie brüsteten sich, dass sie es ihr zurückzahlen würden. Da waren klare Worte von meiner Seite notwendig. Dazu ließ ich mich nicht missbrauchen. Es war höchst notwendig, dass wir uns gemeinsam auf die Grundlage unserer Klassengespräche besannen.

Was wollten wir für uns? Wozu waren wir da? Wie sollte das neue Verhältnis zur Lehrerin in der nächsten Zeit aussehen? Die Kinder hatten ein Einsehen. Aber die bange Frage blieb: Wie machen wir das? Wie können wir sagen, was uns so stört, ohne mit der Lehrerin zu schimpfen? Das hat auch mir Kopfzerbrechen bereitet. Wir mussten es zuerst ausprobieren. So nahmen wir uns Zeit und spielten die Situation durch. Die Rollen wurden verteilt und ein Kind nach dem anderen durfte die Lehrerin spielen, die zu uns in die Klassenkonferenz kommt. Nachdem die einzelnen Schüler ihr Anliegen in Worte gefasst hatten, stoppten wir, um nachzufragen, wie sich die „Lehrerin" nun fühle. Das Ergebnis war niederschmetternd. Kein einziges Kind wollte in dieser Weise „Lehrerin" sein. Nun begannen wir an den Aussagen zu basteln, damit sie sowohl den geforderten Inhalt enthielten und zugleich zeigten, dass wir eine gute Lösung anstrebten. Wir erhoben zum Prinzip, dass kein Angriffsgedanke in der Aussage sein darf. Ein Satz lautete dann ungefähr so: „Wir sind schon manchmal laut. Aber bitte schimpfen Sie nicht so fest." Oder: „Ich fühle mich wie zerstört, wenn Sie meine Zeichnung in den Papierkorb werfen." Oder: „Ich war enttäuscht, als Sie mir sagten, dass...", „Es hat mir weh getan ...., aber ich möchte, dass wir gut miteinander auskommen", und so weiter.

Im neuerlichen Rollenspiel achteten die „Lehrerinnen" darauf, ob sie einen Angriff empfanden oder nicht. Eventuelle Unebenheiten in der Formulierung wurden jeweils geglättet und die Schüler bekamen ein besseres Gespür für ihre Aussagen.

Meine eigene Anspannung wurde erträglicher bis zum Beginn unseres Klassengesprächs. Die Lehrerin saß neben mir und wir begannen routinemäßig. Den Hauptpunkt unserer Konferenz leitete ich mit den bekannten Grundgedanken ein. Die Lehrerin erbat die Möglichkeit zu einer ersten Stellungnahme, in der sie den Schülern unumwunden sagte, was sie dachte und was sie wollte. Mir wurde sehr heiß dabei, doch die Schüler erschienen mir gelassen und sicher. Danach waren sie an der Reihe. Die erste Aussage einer Schülerin wurde von der Lehrerin sofort zurückgewiesen. Hier griff ich als Gesprächsleiter ein und erklärte, wie wir das Klassengespräch durchführen. Jedes Kind sprach dann der Reihe nach und kein Einziges verzichtete auf seine Wortmeldung. Sie sprachen ruhig, fast gewählt und die ganze Atmosphäre wurde zusehends entspannter. Es schwang Verständnis und guter Wille mit und in mir breitete sich Bewunderung aus für die Haltung und die Kompetenz der Schüler, die sie in dieser Stunde zeigten. Als das Wort wieder bei der Lehrerin war, brachte sie sichtlich betroffen ihre Hochachtung vor den Schülern zum Ausdruck. Sie gab offen zu, sie erst jetzt richtig kennengelernt zu haben und war zuversichtlich, dass sie gut miteinander weiterarbeiten würden. Die Kinder quittierten ihre Worte mit Applaus. Bei der Verabschiedung schaute ich ihr in die Augen und sagte ihr, wie herzensfroh ich um dieses Ergebnis sei. Da fiel sie mir wortlos um den Hals und wir drückten uns.

Es war eine wunderbare Lektion, die wir in diesem auf die Spitze getriebenen Beziehungsnotstand durchleben durften. Angriffsgedanken loslassen, keine Erwartungen an die Person stellen, aber glauben, dass wir die Sache gut bewältigen werden und konkret mein Gefühl mitteilen und Hilfe zu einer Lösung erbitten. Dies war es eigentlich, wozu wir uns durchgerungen hatten, was wir einsetzten und was uns überraschend eine neue, positive Beziehung schenkte.

Ermutigung der Person

Ohne Zweifel ist es aber die Krönung, wenn eine Beziehung durch die innere Annahme, durch die existenzielle Ermutigung als Ausdruck unerschütterlicher Zuneigung in ihrer Qualität gefestigt wird. Jahrelang habe ich das theoretisch als gut und erstrebenswert betrachtet. Praktisch bin ich in meinem Handeln kaum über die alltäglichen Erfahrungen hinausgekommen, bis vor allem David mir vier Jahre Lehrzeit dafür geboten hat.

Er war bereits der Schrecken des Kindergartens. Wenn er sich durchsetzen musste, tat er das laut. Streit gab es andauernd und Hilfsmittel, diesen siegreich zu beenden waren Stühle oder Bauklötze, Sand oder Steine, kurz alles, was in der jeweiligen Umgebung greifbar war. Durch den Kontakt zur Erzieherin im Kindergarten wusste ich um die schwierigen familiären Verhältnisse. Die Familie war neu zugezogen und der Vater, ein guter Bauarbeiter, trank zeitweise sehr viel und war teils verschlossen, teils aggressiv. Die Mutter war hin- und hergerissen, versuchte sich nicht unterkriegen zu lassen und gab die Schwierigkeiten, die sie mit dem Mann nicht austragen konnte, an die Kinder weiter. Als sie eines Tages nahe am Nervenzusammenbruch war, packte sie ihre drei Kleinkinder und lebte eine Zeitlang in einer Notwohnung. Nach der Rückkehr sollte der ältere Sohn David eingeschult werden. Er hatte zu Hause oft Asthmaanfälle und musste regelmäßig Medikamente nehmen. Die Einschulungsüberprüfung ergab eine noch geringe Leistungsfähigkeit und zeigte ein sehr auffälliges Verhalten, sodass ich ein entsprechendes Protokoll anfertigte. Zudem war das Geburtsdatum nahe dem Einschulungsstichtag. Im Gespräch mit der Kindergartenleiterin äußerte ich die Absicht, David zurückzustellen, damit er noch ein Jahr Nachreifungszeit im Kindergarten bekäme. Die Erzieherin wehrte mit beiden Händen ab und beschwor mich: „Das kannst du mir nicht antun!" Gemeinsam überlegten wir dann, was David am dringendsten brauchte und wie er das am ehesten erhalten könnte. Die Erzieherin hat es ja eigentlich schon gespürt, dass die wahre Chance für ihn nur im weiteren Kindergartenbesuch lag. Schweren Herzens nahm sie das an. Gott sei Dank konnte sie dann schon nach wenigen Wochen des neuen Schuljahres von Fortschritten berichten, die sie ganz glücklich machten.

Das Kindergartenjahr für David verflog im Nu und er saß in der Schule. Dort habe ich ihn gleich an die kurze Leine genommen. Er musste einfach in meiner Reichweite sein, einerseits, damit meine Berührung ihm sofort Ruhe und Ausrichtung signalisieren konnte, andererseits, dass er meine Nähe, meine Zuwendung und meine Ermutigungen ebenfalls „handfest" erfahren durfte. Es war damals das erste Jahr, als ich die Klassengespräche in der jetzt geläufigen Form einführte und die Ermutigungsrunde noch ungewohnt war. David musste von mir natürlich als Erster ermutigt werden. Wir leiteten die Ermutigung mit einem Standardsatz ein. Z.B.: „Ich möchte über David etwas Gutes berichten. Er hat mich heute Morgen ganz freundlich gegrüßt." Er nahm das erfreut entgegen und gab mir gleich eine Ermutigung zurück. Daraufhin dankte ich ihm und erwähnte, dass er richtig verstanden habe, was wir im Klassenrat am Anfang machen wollten. Er fand Gefallen daran, in einer unbelasteten Situation ermutigt zu werden und er fühlte sich ausgezeichnet, dem Lehrer ebenso eine Ermutigung zurückgeben zu können, auch wenn sie beispielsweise nur eine Feststellung war, wie: „Ich möchte über den Lehrer etwas Gutes berichten. Er ist heute mit dem Auto in die Schule gekommen." Auch als ich über andere Kinder etwas Positives sagte, „konterte" David jeweils mit einer eigenen Aussage. Das Spiel gefiel ihm und wir schlugen den Ball abwechselnd. Drei Klassenversammlungen waren nötig, bis sich weitere Kinder getrauten Ermutigungen auszusprechen und wir eine Reihenfolge einhalten konnten. David war - und blieb auch in den folgenden Jahren - der „Spitzenermutiger" der Klasse. Nichtsdestoweniger war und blieb er auch ein explosiver, unberechenbarer Knabe, dessen Entwicklung jedoch eindeutig positiv zu verlaufen schien. Er war sehr gut in der Klasse integriert und hat überall interessiert mitgearbeitet, obwohl stündlich damit zu rechnen war, dass er einen kleinen oder größeren Wirbel inszenierte. Nachdem er in der dritten Stufe einmal eine Woche lang krank war, haben die Mädchen gesagt: „Es ist gerade langweilig, wenn David nicht da ist." Am Anfang des nächsten Schuljahres kam ein neuer Schüler. Obwohl wir längere Zeit bosnische Flüchtlingskinder in der Klasse hatten, war dies nun etwas Besonderes. Der Schüler war Türke, ein bisschen älter als David aber in der niedrigeren Schulstufe. Dieser türkische Bub kam in die

Schule mit weißem Hemd und Masche, geschniegelt und ge-
bügelt. Ich fragte nach, ob sie vielleicht ein islamisches Fest
feierten? „Nein, das ziehe ich in die Schule an", erwiderte er.
Wenn unsere Buben vom Fußballspiel ihrer Mannschaft
erzählten, wollte Hassan der bessere Fußballspieler sein;
wenn sie über Roller-Blades sprachen, wollte er die neuesten
zu Hause haben und dem nettesten Mädchen der Klasse
machte er klassisch - orientalisch den Hof, indem er sie derart bedrängte, dass es zum Thema mehrerer Klassengespräche wurde. Hassan musste sich anscheinend ständig
produzieren und beschwor damit eine unheilschwangere
Situation herauf. Dass David hier nicht ruhig zusehen
konnte, verstand ich wohl. Ich warb um Verständnis, erklärte
und vermittelte und musste versteckte und offene Feindselig-
keiten im Klassengespräch behandeln.
Eines Tages während der großen Pause stürmten einige
Kinder in mein Büro und schrien: „Der David erwürgt den
Hassan!" So schnell ich konnte, lief ich hinaus und tatsächlich lag Hassan kreidebleich auf dem Boden. Ich packte den
David und trug ihn mehr als ich ihn schob in das Büro
hinein. Ich schüttelte ihn und schrie ihn an: „Was machst du
denn da?!!" Damit ich mich nicht selbst in meiner Enttäuschung und meinem Zorn zu unüberlegten Handlungen
hinreißen ließ, fauchte ich ihn an: „Heute Nachmittag um
zwei bist du hier in der Schule, dann reden wir weiter!"
Ich fühlte mich am Boden zerstört. Waren all meine Bemühungen umsonst gewesen? Schon früher, als plötzlich so
viele bosnische Kinder zu uns kamen, hatte ich viel zu tun,
um die Klasse halbwegs im Gleichgewicht zu halten.
Beinahe in jedem Klassenrat wiederholten wir die Grund-
sätze, nach denen wir uns verhalten wollten und fast jede
Stunde griff ich ein um ein auftauchendes Problem im Zusammenleben unter den Kindern zu entschärfen. Und jetzt
das!

Das Mittagessen schmeckte mir nicht und ich fuhr hungrig und aufgewühlt wieder in die Schule. In meiner Wut und meiner persönlichen Enttäuschung gab es nur den einen Gedanken, David ordentlich die Meinung zu sagen, so klar und so drastisch, dass er sich das merken würde. David hat mich bei der Schule schon erwartet. Wir gingen zusammen in die Klasse und ich wollte jetzt eigentlich mit der Standpauke beginnen, - aber ich fand keinen Anfang. Es dämmerte mir auch, dass ich mit David an einem entscheidenden Punkt stand und in Gefahr war, jetzt einen Fehler zu begehen. Nein, ich wollte nicht noch mehr kaputt machen, aber was konnte ich tun? Was hatte ich in der Individualpsychologie gelernt? In diesem Ringen um die richtigen Gedanken sah ich David direkt vor mir hinter dem Tisch sitzen, die Beine lang ausgestreckt, die Finger verschränkt. Däumchen drehend schaute er mich von unten her an. Im Augenblick spürte ich die Provokation und zugleich, dass ich mich selbst auf dem Prüfstand befand. Wie wenn ich langsam aus einem Nebel herausträte sah ich plötzlich, dass ich ja verbinden wollte und nicht trennen, dass wir eine gute, gemeinsame Basis brauchten und nicht einen Trümmerhaufen aus Beschuldigungen und Rachegefühlen. Das war der Umstieg. Mühsam würgte ich die ersten Worte heraus: „David, ich mag dich. Wir haben auch schon viel miteinander erlebt. Weißt du noch ...?", und dann erzählte ich all die positiven Dinge, die ich noch von der ersten Klasse her wusste und je länger ich redete, desto befreiter und ehrlicher schilderte ich Begebenheiten, die eine höchst erfreuliche Entwicklung aufzeigten. Zuerst musterte er mich ungläubig, doch hing er zusehends interessierter und gelöster an meinen Lippen und konnte sich kaum satthören. Ich bestätigte nochmals, welche Qualitäten er in den Klassenrat einbrachte und was er schon alles gelernt habe. Früher hatte er mir einmal anvertraut, dass er gerne Bürgermeister werden würde. Ich bedeutete ihm, dass er in unserem Klassenrat genau das schon mache, was ein guter Bürgermeister können muss und dass ich zuversichtlich sei, dass er zu einem sehr wertvollen, tüchtigen Mann heranwachse. Ich war ebenfalls froh, dass er sich an eine Wahl zum Klassenpräsidenten erinnerte, bei der er nur zwei Stimmen bekam. Damals war er zuerst enttäuscht, lachte dann aber und sagte laut in die Klasse hinein: „Eine Stimme kommt von mir selbst und die andere von dir, Lehrer, stimmt´s?" Es stimmte und ich spürte sein Vertrauen. Sein Fortkommen und seine Entwicklung waren mir ein großes Anliegen. In diesem Gespräch trat das auch für ihn glaubwürdig zutage.

Nun mussten wir aber auf den Grund unseres Gespräches zurückkommen und er nahm meine Enttäuschung an. Er sprudelte aus sich heraus und sagte: „Ich halte das nicht aus. Der spielt sich so auf, da musste ich ihm einfach eine geben. Aber ich wollte ihn nicht so würgen, ganz sicher nicht. Ich habe nicht mehr gewusst, was ich tu."

Er sah auch ein, dass es auf diese Art nicht weiter möglich ist, sich zu behaupten und ich fragte ihn: „Wie meinst du, kann ich dir helfen?" Da vertraute er sich wieder an und klagte: „Weißt, ich kann tun, was ich will und die Susi schaut mich nicht an." Da überlegten wir gemeinsam, was sein müsste, damit die Susi auf ihn aufmerksam wird. Ich gab ihm zu verstehen, dass die Susi natürlich auch Angst bekomme, wenn er jedem, den er nicht leiden kann, an die Gurgel hüpfe. Alles, was mit Beschimpfung, Streit und Schlägerei zu tun hat, das müsste ausscheiden. Es gäbe doch noch andere Möglichkeiten. Da legten wir miteinander eine Strategie fest, wie er sich mit Fragen, mit Hinweisen, mit Humor und mit meinem Rückhalt wirkliche Achtung verschaffen könnte. Jeden Tag vor der großen Pause sollte es nochmals eine kurze Besprechung zwischen uns geben, wie er sich nach unserem Konzept draußen verhalten sollte, besonders, wenn er sich provoziert fühlte. Zirka zehn Wochen lang wollte ich das durchziehen und David stimmte mit einem langen Seufzer zu. Die Aussicht, dass die Susi sein neues Verhalten bestaunen würde, half ihm sichtlich es zu versuchen. Er hat es dann wirklich durchgehalten und die guten Erfahrungen haben ihn gestärkt. Hassan indessen fand sein eigenes Glück und seinen Frieden. In diesem herausforderndsten Erlebnis mit David hat sich in mir eine Wandlung vollzogen. Seither bin ich von innen her überzeugt, dass nur die Ermutigung der Person wirklich andere Wege zu eröffnen vermag, dass nur die echte Hilfe, die vom anderen als solche angenommen wird, das Gehen auf solch neuen Wegen ermöglicht. Die Voraussetzung dazu war, dass ich meine Vorstellungen von dem, was nicht sein darf, in dem Moment loslassen, mich davon trennen konnte. Erst im Nachhinein wurde mir klar, wie dadurch für beide Teile eine andere, bessere Sichtweise aufkommen konnte.

Für das Zusammenleben in der Klasse und damit für den Klassenrat hatte das seine Auswirkungen. Ich begann, den Einzelnen als Person mehr zu stärken und die Freude der Zugehörigkeit zu unserer Klassengemeinschaft als lebendigem Organismus, deutlicher herauszuheben.

Der Rat des Einsiedlers

Darf ich in diesem Zusammenhang zum Schluss noch einen Gedanken anführen: Wir stehen als Menschen immer mit Menschen in Verbindung und dort, wo wir stehen, sind wir richtig. Genau da werden wir gebraucht und genau dort haben wir einen Auftrag. In welchem Lebensbereich es auch sei, die Antwort, die der weise Einsiedler dem König in Leo Tolstojs Geschichte „Die drei Fragen" gab, passt auch für uns.

„Merke dir", so sprach er, „die wichtigste Zeit ist nur eine, der Augenblick. Nur über ihn haben wir Gewalt. Und der unentbehrlichste, wichtigste Mensch ist der, mit dem uns der Augenblick zusammenführt. Das wichtigste Werk aber ist, diesem Gutes zu erweisen, denn nur dazu ward der Mensch ins Leben gesandt."

Von der Wirklichkeit erfüllte Augenblicke, solche wünsche ich jedem von Herzen.

Struktur des Klassenrates

Ich gebe Ihnen hier noch einmal eine Übersicht der äußeren Form, womit ich gut zurecht komme.

1. Äußere Organisation

- Klassenrat im Grundschulalter mehr als einmal wöchentlich!
- Vorsitz: Klassensprecher in Zusammenarbeit mit Lehrer/in (nach Erfordernis).
- Protokoll: Beschlussprotokoll: Schüler als gewählter Schriftführer, bzw. Lehrer/in (nach Erfordernis).

2. Tagesordnung

Während der Zeit vor dem nächsten Klassenrat werden auf einem kleinen Plakat Erfreuliches bzw. Unangenehmes (Problem), sowie Fragen Wünsche, Gesprächspunkte für den Klassenrat festgehalten.
Das ergibt eine heilsame Eingrenzung und Konzentration auf das Notwendige.

3. Ablauf des Klassenrates

a. Begrüßung und Eröffnung
b. Zielangabe: "Wir wollen einander helfen!"
c. Anerkennung geben.
   "Wer kann etwas Positives berichten?" (Wenn die Ermutigungsrunden noch nicht eingeführt wurden, können anfangs sachbezogene Aussagen gemacht werden und erfreuliche Punkte von der "Tagesordnung". Dies dient dann als Hinführung zur Ermutigungsrunde).
d. Probleme lösen.
   - Die im Protokoll festgehaltenen Aufgaben zur Problemlösung auf ihre Durchführung überprüfen und

evtl. Erfolg bewerten.
- Beratung und Beschluss über jeden Problempunkt der "Tagesordnung". Wenn nötig, natürliche bzw. logische Folgen als Lösungsmöglichkeit beschließen und zwar:
verknüpft /passend
vernünftig /ausgeglichen
respektvoll /mit Einverständnis der direkt Betroffenen
(Vorschlagsrecht, Wahlmöglichkeit)
e. Pläne machen
Anfragen und Wünsche aus der "Tagesordnung"
Vorschläge und Anregungen zur Gestaltung des schulischen Lebens.
f. Dank und Abschluss.

3

Der Klassenrat

John M. Platt

Allgemeine Leitlinien für den Klassenrat

Die hier angegebenen Richtlinien sind in erster Linie gedacht für den Klassenrat, der Lösungen für Probleme in der Klassengemeinschaft erarbeitet. Der Klassenrat kann aber auch andere Themen behandeln: Ausflüge, das Erlernen von Ermutigung, die vier Ziele des störenden Verhaltens und logische Folgen.

Zeit

Es ist empfehlenswert, eine bestimmte Zeit festzusetzen. Diese Entscheidung kann bei den ersten beiden Treffen getroffen werden. Eine gute Zeit ist vor dem Mittagessen oder der Turnstunde oder vor der Pause.

Spontane Treffen des Klassenrates sind nicht zu empfehlen. Bei einer Konfliktsituation ist es eine große Hilfe, noch vor dem Klassenrat Zeit zu lassen zum "Abkühlen". Oft hat sich die Beratung nach einer "Abkühlphase" schon erübrigt. Die Schüler haben das Problem schon selbst gelöst.

Es ist empfehlenswert, den Klassenrat mindestens dreimal pro Woche abzuhalten, wenn nicht häufiger. Der erfolgreiche Klassenrat findet öfter statt, weil er als Teil des täglichen Lehrplans gesehen wird, genau so wie z.b. Rechtschreibung, Mathematik usw.

Dauer

Die Dauer des Klassenrates hängt vom Alter der Schüler ab. Zwanzig Minuten wird für die Grundstufe empfohlen; dreißig Minuten für die Mittel- und Oberstufen.

Einige Lehrer der Grundstufe haben es hilfreich gefunden, den Klassenrat mit einem Lied anzufangen oder zu beenden.

Raumeinteilung

Ein Kreis ist wesentlich für die Wirksamkeit des Klassenrates. Die einzige Ausnahme ergibt sich dann, wenn die Stühle am Boden fixiert sind.

Eine festgelegte Sitzordnung gehört zum wirksamen Klassenrat. Das ist extrem hilfreich, um Störungen auf ein Minimum zu reduzieren. Im Kreis können die Schüler alle anderen Schüler sehen, und es entsteht ein Gefühl von Gleichwertigkeit. Keine Schüler sind vorne oder hinten.

Es ist hilfreich, wenn die Schüler das Umstellen der Stühle und Bänke zum ordentlichen Kreis üben. Nach dem Üben werden sie nur eine halbe oder eine Minute brauchen, um die Stühle umzustellen.

Einige Lehrer lassen die Schüler für den Klassenrat auf den Boden sitzen; sollte sich die Klasse jedoch störend verhalten, verleihen Stühle dem Klassenrat mehr Struktur.

Tagesordnung

Die Tagesordnung sollte für alle deutlich sichtbar sein, damit alle Teilnehmer der Klasse ihr Anliegen vorbringen können. Mitarbeiter der Schule, sowie Schüler selbst sind einbezogen. In der Grundstufe wird nur der Name des Schülers aufgeschrieben, da das Lesen und Schreiben noch ein Problem sein kann. In der Mittel- und Oberstufe müssen Schüler ihren Namen, sowie ihr Anliegen und die Namen der anderen Betroffenen aufschreiben. Die Klasse weiß, dass die Punkte der Tagesordnung der Reihe nach besprochen werden. (Der Klassenrat sollte bei der nächsten Sitzung dort beginnen, wo er beim vorigen Mal aufgehört hat).

Die Tagesordnung ist eine große Hilfe, den Lehrer oder andere Erwachsene aus einer Meinungsverschiedenheit herauszuhalten. Schüler lernen schnell, dass "Petzen" kein wirksames Mittel ist, die Lehrerin zu involvieren. Deshalb lösen sie viele Probleme eigenständiger. Wenn die Lehrerin sagt: "Schreibe es auf die Tagesordnung; wir werden es morgen im Klassenrat besprechen", werden Streit und Kampf weniger wirksam, um Erwachsene zu involvieren.

Protokoll

Es sollte ein Protokoll geführt werden. Die Entscheidungen über gemeinsames Vorgehen der Klasse und über vereinbarte logische Folgen werden protokolliert. Protokolle werden aufbewahrt, damit die Schüler und die Lehrer später nachschauen können.

Grundregeln

Um eine kooperative Atmosphäre in der Klasse zu schaffen, sind zwei Grundregeln wesentlich.
1. *Lehrer und Schüler achten einander gegenseitig.* Das bedeutet, den anderen zuhören, abwarten, bis man an der

Reihe ist, und Vorschläge unterbreiten.

2. Der Klassenrat gestaltet sich so, dass **Probleme von allen gemeinsam gelöst werden, und in der Folge alle einander helfen**. Diese Grundregel ist sehr wichtig, denn der Lehrer hat die Möglichkeit, mit einer Frage verletzende Bemerkungen oder Folgen einzuschränken. Z.B.: "Glaubst du, dass das für Hans eine Hilfe ist?"

Die aus der Diskussion entstehenden Vorschläge werden letztlich von der Achtung und Hilfsbereitschaft füreinander getragen. Wichtig ist, dass der Lehrer mit der Bedeutung der logischen Folgen[1,2] vertraut ist und den Schülern hilft, zwischen Strafe und Folgen zu unterscheiden. Das macht man am besten klar, indem man logische Folgen als Begriff in tägliche Unterrichtssituationen einbaut.

Um den Unterschied zwischen logischen Folgen und Strafe zu verstehen, kann der Lehrer eine Situation mit den Schülern durchspielen, die normalerweise mit Strafe belegt wird und nun Vorschläge sammeln, die als logische Folgen zu verstehen sind.

Solange die Schüler die Bedeutung von logischen Folgen als Begriff noch nicht verstehen, sollte der Lehrer Vorschläge, die Strafe vorsehen, ablehnen dürfen.

Unterscheiden Sie logische Folgen und Strafe

Wenn man herausfinden will, was eine geeignete logische Folge ist, dann geben wir folgende Faustregel: "Versetzen Sie sich - als Erwachsene - selbst in die Situation des Kindes und fragen Sie sich aus der Sicht, was jetzt für Sie logisch wäre. Das, was für die Erwachsenen logisch ist, ist auch logisch für das Kind." Zum Beispiel: Wenn Mutter die Milch umstößt, dann putzt sie es auf. Wenn Vater etwas kaputt-

---

[1] Dreikurs, R.: *Kinder lernen aus den Folgen.* Freiburg 1991
[2] Schoenaker, Th. / Schoenaker, J. / Platt, J.M.: *Die Kunst als Familie zu leben.* Herder Verlag 2000

macht, dann kauft er einen Ersatz dafür. Wenn der Vetter Chris ins Bett macht, dann wechselt er die Bettlaken. Wenn Vater den Bus zur Arbeit verpasst, dann fährt er halt mit dem Taxi und bezahlt die Kosten. Wenn Onkel Gunther sein Mittagessen nicht mit zur Arbeit nimmt, dann wird er halt Hunger haben oder er wird sich von jemand etwas ausleihen. Diese Faustregel ist hilfreich, wenn wir logische Folgen ausdenken wollen, die für das Kind zutreffen. So lernen Kinder, dass es Spielregeln gibt, die für alle gelten. Logische Folgen führen zu verantwortungsbewussten, eigenverantwortlichen Menschen. Strafen führt zu Demütigung und gibt das Recht, wieder andere zu demütigen, zu verletzen.

Wenn ein Kind seine Puppe draußen liegen lässt und sie ist am nächsten Tag verschwunden, dann kann es halt mit der Puppe nicht mehr spielen. Das ist logisch. Das kann es verstehen.

Wenn es seine Puppe draußen liegen lässt und dafür nicht fernsehen darf, dann ist das unlogisch. Das ist Strafe. Das kann es nicht verstehen und deswegen rebelliert es.

Wenn das Kind ein Glas Milch umstößt und unterstützt wird, den Schaden selbst zu bereinigen, kann es das verstehen. Das ist logisch.

Wenn es ein Glas Milch umstößt und Mutter schimpft und bereinigt selbst den Schaden, dann ist das unlogisch. Das ist Strafe.

Kommentar des RDI-Verlags:
Obwohl die Idee der logischen Folgen nicht schwer zu verstehen ist, scheint es für Schüler doch nicht einfach zu sein, das Denken in Strafe zu überwinden. Oft kommen bei der Frage nach logischen Folgen Antworten wie:
- Schreib deren Namen an die Tafel, sodass jeder sehen
  kann, wer zu spät kam;
- sie sollen nachsitzen;

- die Lehrerin soll richtig schimpfen.

Sicher, diese Beiträge können Anlass zu lehrreichen Gesprächen sein, aber sie sind doch eher eine getarnte Art des Strafens oder Rache und sie werden von vielen Schülern unterstützt.

Der von Ewald Müller so vehement vertretene Ansatz "Wir wollen einander helfen" hat mehr Zukunft. Logische Folgen sind, nach Rudolf Dreikurs und nach den Erfahrungen die jeder damit machen kann, nur wirksam wenn das Kind mit seinem Verhalten das erste Nahziel "Aufmerksamkeit" anstrebt.

Anstatt zu plädieren für, und sich Gedanken zu machen über logische Folgen ist die Frage an sich selbst und an die anderen Kinder "Was können wir tun, um Fred zu helfen?" viel nützlicher.

Ein Kind kam schon mehrmals zu spät aus der Pause weil er die Klingel nicht gehört hatte. Die Lehrerin fragte „was können wir tun, um Janette zu helfen"? Es kamen Antworten wie:

- Jemand könnte sie auf die Schulter klopfen, wenn es klingelt.

- Viele von uns könnten zusammen laut rufen "es klingelt".

- Sie könnte mehr in der Nähe des Klingelns spielen.

- Sie könnte darauf achten, wann die anderen wieder in die Klasse gehen.

- Stell die Klingel lauter ein.

Der Unterschied zwischen der ersten und der zweiten Liste ist bemerkenswert. Die erste bestraft unter dem Deckmantel der logischen Folgen das, was in der Vergangenheit passierte. Die zweite Liste hat das bessere Verhalten in der Zukunft im Blick.

Sowohl Lehrerinnen als Eltern sprechen von mehr Frieden, seitdem sie sich Gedanken machen über "einander Helfen" und sagen "unsere Kinder sind großartig im Finden von Lösungen, die dem anderen helfen.

Schrittweises Vorgehen
bei der Durchführung

Ermutigung[1]

Der Klassenrat wird eingeleitet, indem die Lehrerin eine "Ermutigung" ausspricht. Ein "Dankeschön" für eine Hilfeleistung, Anerkennung für die Bereitschaft zu teilen, und viele andere Dinge, die ermutigend sein können.

Es ist wichtig, den Klassenrat mit einer Ermutigung zu beginnen, denn dadurch beginnt die Beratung positiv.

Die Schüler sprechen der Reihe nach ihre Ermutigung aus und geben im Uhrzeigersinn das Wort weiter. Der Lehrer sollte niemals einem Schüler das Wort erteilen, der nicht an der Reihe ist. Die Ermutigungsrunde beginnt mit dem Schüler links vom Lehrer.

Es ist sehr wichtig, dass die Lehrerin den Kindern gleich am Anfang des Klassenrates beibringt, wie man ermutigt, und wie man ermutigend wirkt. Das kann sie am besten tun, indem sie ein Beispiel gibt und mehreren Schülern der Klasse eine Ermutigung ausspricht.

Einige Lehrerinnen machten gute Erfahrungen damit, während der Einführungsphase den Schülern zwei Minuten Zeit zu lassen, um ihre Ermutigung zu überlegen. Ein Schüler kann mehrere Schüler für eine Aktivität loben, aber er oder sie darf nur ein Ermutigungswort aussprechen. Beispiel:

"Hans, Christoph und Günther, ich finde es gut an euch, dass ihr in der Pause Völkerball gespielt habt."

Einige Lehrerinnen lassen jeden Schüler einen anderen Schüler ermutigen als Lernmethode in der Einführungsphase. Wenn sie bei der ersten Runde keine Einfälle haben, werden sie beim zweiten Mal etwas wissen. Deshalb führt sie eine

---

[1] Schoenaker, Th.: *Mut tut gut*. RDI-Verlag

zweite Ermutigungsrunde durch. Die Lehrerin kann es in der Einführungsphase dem Schüler offen lassen: "Willst du in der ersten Runde eine Ermutigung aussprechen oder in der zweiten Runde?"

Wenn die Übungsphase beendet ist, ist niemand verpflichtet, eine Ermutigung auszusprechen.

Lehrer sollten Schüler ermutigen, andere zu würdigen für ihre Beiträge zur Schulgemeinschaft oder ihre Beiträge zur Unterstützung der Mitschüler. Komplimente für neue Kleider oder andere materielle Dinge werden angenommen, aber nicht gefördert. So macht man die Schüler mit dem Begriff „Gemeinschaftsgefühl" vertraut.

Ermutigung soll keine negativen Bemerkungen beinhalten. Am Anfang kommt es vor, dass Kinder verletzende Bemerkungen machen, weil sie noch nicht gelernt haben, ermutigend zu wirken. Beispiel: "Ich finde es gut an dir, Hans, dass du eine Eins in der Schularbeit bekamst, denn gewöhnlich hast du ja eine Fünf." Die Lehrerin könnte in solch einem Fall die Klasse fragen: "Wir haben schon viel über Ermutigung gelernt; wie viele glauben, dass diese Ermutigung verletzend war?"

Die Tagesordnungspunkte

Der erste Punkt der Tagesordnung wird vorgelesen und der Schüler, der ihn aufgeschrieben hat, wird gefragt, ob das Problem noch aktuell ist. Wenn der Schüler, der den Punkt auf die Tagesordnung gebracht hat, erklärt, dass das Problem schon erledigt ist, fährt der Gesprächsleiter mit dem nächsten Tagesordnungspunkt fort. (Das passiert oft. Wenn Kinder verärgert sind und die Möglichkeit haben, ihren Kummer aufzuschreiben, ist das Problem bis zum Klassenrat oft von den Schülern selbst gelöst oder unbedeutend geworden. Es braucht nicht mehr besprochen zu werden).

Die Vorgehensweise bei den zu beratenden Themen

Der Schüler, der ein Problem auf die Tagesordnung geschrieben hat und es auch besprechen will, erklärt der Klasse das Problem genau, wie er es empfindet. Die durch das Problem betroffenen Schüler werden gefragt, ob das Problem noch aktuell ist.

Wenn die durch ein Problem betroffenen Schüler finden, dass die Schilderung des Problems zutrifft, wird gefragt, welche logische Folgen das störende Benehmen nach sich zieht.

Wenn die Mehrzahl der Schüler mit der vorgeschlagenen logischen Folge einverstanden ist, wird sie angenommen und der nächste Punkt wird behandelt. Wenn die Mehrzahl dagegen ist, dann dürfen die anderen Schüler im Uhrzeigersinn ihre Vorschläge unterbreiten. Nachdem die Runde zweimal befragt wurde, wird die Diskussion beendet, und die Schüler stimmen ab über die logische Folge, die sie für passend finden.

Wenn sich die durch das Problem betroffene Schülerin nicht mehr an ihre Tat erinnern kann, bittet die Gesprächsleiterin einmal den Kreis der Schüler, die Situation zu klären. Wenn die Schülerin nicht mehr weiß, wie sie beteiligt war, fragt die Gesprächsleiterin: "Wie viele waren bei dieser Situation dabei und finden, dass die genannte Schülerin tatsächlich beteiligt war?"

Wenn die Klasse beschlossen hat, welcher Schüler beteiligt war, wird über Vorschläge für logische Folgen diskutiert.

Über die logischen Folgen wird abgestimmt. Nachdem eine logische Folge gewählt wurde, fragt der Gesprächsleiter die Gruppe, wie sie auf die logischen Folgen reagieren. (Die Klasse wird dabei *einmal* im Uhrzeigersinn befragt).

Nach der Besprechung der Reaktionen wird der nächste Tagesordnungspunkt genannt und wie oben behandelt.

Zielerkennung

Die vier unbewussten Ziele[1,2,3,4] des störenden Verhaltens könnten bei der Besprechung eines Problems in der Tagesordnung betont werden:

Aufmerksamkeit: "Wie viele von euch glauben, dass Menschen Aufmerksamkeit erregen möchten, wenn sie so etwas tun?"

Macht: "Wie viele von euch glauben, dass Menschen den Chef spielen möchten, wenn sie so etwas tun?"

Vergeltung: "Wie viele von euch glauben, dass Menschen so etwas tun und dabei denken: "Jetzt sind wir quitt!"

Rückzug: "Wie viele von euch glauben, dass Menschen so etwas tun?, und dabei denken ,lass mich in Ruhe, ich kann das doch nicht'."

Die vier Ziele sollen gründlich durchgearbeitet werden.

Das Lösen von Problemen

Besondere Aufmerksamkeit in der Beratung sollte auf das *Bedürfnis nach Zugehörigkeit, gebraucht und/oder gemocht werden* gerichtet werden. Einige Kinder werden, öfter als andere, Beratungspunkte der Tagesordnung sein. Mit einem solchen Kind (das sich nicht zugehörig fühlt) könnte Folgendes eine Hilfe sein:

Wenn das Kind ein Problem auf dem Spielplatz mit anderen hat, könnte der Gesprächsleiter fragen: "Wie können wir Hans helfen, sich zu unserer Gruppe oder Klasse zugehörig zu fühlen?" Einige Schüler schlagen oft vor, dass sie Hans

---

[1] Siehe hier Kapitel 1.

[2] Schoenaker, Theo und Julitta / Platt, J.M.: *Die Kunst als Familie zu leben.* Herder Verlag 2000

[3] Dreikurs / Pepper / Grunwald: *Lehrer und Schüler lösen Disziplinprobleme.* Weinheim 1987

[4] Dreikurs / Blumenthal: *Eltern und Kinder – Freunde oder Feinde?* Klett-Cotta Verlag

zur Teilnahme an einer Aktivität einladen, z.B. Völkerball etc. Auf diese Weise weicht für das Kind das Gefühl von Ausgeschlossensein dem Gefühl der Zugehörigkeit.

Die Vorschläge der einzelnen Schüler sollten nicht gewertet werden. Vermeiden Sie: *"das habe ich schon gesagt"*. Fragen Sie die Schüler, was sie denken. Das ist nicht leicht!!! Die Lehrerin oder Gesprächsleiterin ist Moderatorin und soll schauen, dass die Schüler beim Thema bleiben. Sollte eine demütigende Bemerkung fallen, fragen Sie die anderen Kinder, wie sie darüber denken. Sollten sie der gleichen Meinung sein, könnten Sie fragen: „Glaubt ihr wirklich, dass er gemein, dumm etc. ist?" oder: "Könnte er nicht einen anderen Grund haben, so etwas zu tun?" Vielleicht erreichen Sie dadurch ein Verständnis für das Ziel des störenden Verhaltens, und die Gruppe wird ermutigt, Wege zu finden, dem Kind zu helfen.

Wenn die Kinder einmal verstehen, dass Sie bereit sind, sie über Bereiche reden zu lassen, die sie betreffen, und dass diese Gespräche auf Hilfestellung bei ihren Problemen zielen, werden Sie erstaunt sein über die Ausdrucksfähigkeit und die Begeisterung, die Kinder für Zusammenarbeit und Hilfsbereitschaft zeigen.

Der Einfluss des Lehrers als Moderator muss bei den ersten Treffen des Klassenrates am größten sein. Wenn es den Schülern einmal bewusst ist, welche Fähigkeit sie haben, Probleme zu lösen und diese Fähigkeit dann weiter entwickeln, wird der Einfluss des Lehrers abnehmen können.

Viele Lehrer finden, dass nonverbale Zeichen den Ausdruck von Zustimmung oder Ablehnung erleichtern und lautes Ausrufen wie: „Ja, ich sah, was er getan hat" – „du weißt nicht, wovon du redest"… vermeiden können. Die Schüler zeigen schweigend Zustimmung mit dem „Power"-Zeichen, z.B. Daumen nach oben. Ablehnung zeigen die Schüler mit einem Handzeichen. Sie heben die Hand mit der Handfläche nach vorne.

Am Anfang werden Sie viele Fehler machen, aber wenn Sie die Regeln einhalten, werden Sie kaum ernsthafte Fehler machen und die Ergebnisse dürften bei weitem Ihre Erwartungen übertreffen. Wichtig ist zu wissen, dass der Klassenrat keine Sofortwirkung zeigt. Sie sollten sich selbst und die Schüler nicht entmutigen, indem Sie Vollkommenheit erwarten. Problemlösung im sozialen Bereich ist nicht leicht und braucht gewöhnlich lange Übung.

Fragen und Antworten

Wie viel Zeit sollte ich für den Klassenrat verwenden? Ich habe jetzt schon Mühe, alle Fächer, die ich unterrichten muss, unterzubringen.

Es ist für uns alle wichtig, Unterrichtszeit sinnvoll zu nutzen. Ich bitte Lehrerinnen zu prüfen, wie viel Zeit sie momentan für Disziplin aufwenden. Wenn Sie die zehn Minuten am Morgen, nach der ersten Pause, nach dem Mittagessen, nach der zweiten Pause und die fünf Minuten vor Ende des Schultages zusammenzählen, werden Sie feststellen, dass Sie für den Klassenrat auch nicht mehr Zeit brauchen. Nur, jetzt nutzen Sie diese Zeit, um Probleme zu lösen, die anscheinend nie gelöst werden. Der Klassenrat bringt wirkliche Lösungen für Probleme und es ist dann die einzige Zeit, die Sie für Disziplin aufwenden.

Sie könnten für Ihren Klassenrat 5 mal in der Woche, eine halbe Stunde vor dem Mittagessen, einplanen oder 2 oder 3 mal wie in den meisten mir bekannten Klassen. Ein 30 Minuten-Rat ist gut verwendete Zeit, sooft Sie es für sinnvoll halten.

Wie vermeide ich Probleme, wenn mein Klassenrat der Einzige in der Schule ist, in dem Klassengespräche abgehalten werden?

Ich empfehle, dass Sie die Problemlösung auf die Themen beschränken, die Ihr Klassenzimmer betreffen. Wenn Ihre Schüler wissen, was der Klassenrat ist und besonders, wie man logische Folgen anwendet, dann kann man auch Schüler von anderen Klassenzimmern teilnehmen lassen, sofern ihre Namen auf der Tagesordnung erscheinen. Diesen Besuchern wird man logische Folgen erklären müssen, damit sie nicht Strafen erwarten oder erfinden.

„Verschwören" sich Schüler gegen einzelne Teilnehmer im Klassenrat?

Wenn Schüler die Erfahrung machen, dass jede Person geachtet wird und dass die Beschlüsse vernünftig sind, weil sie auf logischen Konsequenzen aufbauen, ist es unwahrscheinlich, dass sich Schüler „verschwören". Dazu gibt es dann keinen Grund. Verschwörungen entstehen möglicherweise, wenn man Methoden der Strafe anwendet. Schüler wollen im Allgemeinen hilfsbereit sein, und logische Folgen, die im Klassenrat erarbeitet werden, geben ihnen dazu die Gelegenheit.

Werden nicht einige Kinder unverhältnismäßig häufiger Gegenstand des Klassenrates sein, als es fair erscheint?

Ja, es gibt einige Kinder, die öfter auf der Tagesordnung sind und mehr Zeit des Klassenrates beanspruchen als andere. Versuchen Sie sie zu ermutigen und achten Sie darauf, dass sie Anerkennung erhalten, wenn sie es verdienen. Wenn ein Kind immer wegen Aufmerksamkeit fordernder Vorfälle auf der Tagesordnung ist, aber ein oder zwei Tage damit aufhört und die anderen Kinder das nicht bemerken, sollten *Sie* dem Kind Anerkennung geben.

Einige Schüler benutzen die Tagesordnung, um ihren Anteil an Aufmerksamkeit zu bekommen. Ich hatte einen Schüler, der gern kleine Probleme schuf, nur damit 32 Schüler im Klassenrat über ihn reden sollten. Die Klasse reagierte mit der Konsequenz, dass niemand diesen Schüler in der folgenden Woche auf die Tagesordnung setzen durfte. Sie spürten, dass dieser Schüler nur Dinge anstellte, um Aufmerksamkeit zu erhalten und reagierten darauf mit einer angemessenen logischen Folge.

Wie viel Zeit benötigt man, um eine gute Moderatorin zu werden?

Praktizieren Sie den Klassenrat regelmäßig. Glauben Sie an die gute Wirkung des Klassenrates. Glauben Sie daran, dass Sie eine gute Moderatorin werden, und arbeiten Sie daran, besser zu werden. Geben Sie nicht auf, wenn Ihr erster Klassenrat nicht so verläuft, wie die Beispiele in der Darstellung. Keiner von uns würde aufhören, Mathematik, naturwissenschaftliche Fächer oder Sprachen zu unterrichten, nur weil die ersten Stunden nicht gut liefen. Wir wissen, es ist etwas, das wir tun werden, daher versuchen wir weiter, besser darin zu werden; und die Schüler in unserer Klasse machen das Gleiche. Schüler und Lehrerin werden durch Erfahrung, sowohl im Fachunterricht als auch beim Klassenrat, besser. Ich meine, es ist ganz wichtig, daran zu glauben. Die Übung steigert die Fähigkeit, beim Lehrer wie bei den Schülern, was sich positiv auf den Zusammenhalt der Klasse auswirkt. Jeder einzelne Schüler kann während des Jahres immer besser erkennen, was logische Folgen sind, besonders wenn sie oder er am Anfang gut angeleitet wurde.

Welche Zeit des Jahres eignet sich am besten, den Prozess des Klassenrates zu beginnen?

Zweifellos der erste Schultag. Ich traf einmal zu Jahresbeginn eine Lehrerin, die das Modell des Klassenrates in einer Gruppe kennenlernte, die ich unterrichtete. Sie erzählte mir, dass sie momentan eine so „gute" Klasse hätte, dass sie es nicht für notwendig erachte, diesen Klassenrat abzuhalten. Ich sagte ihr, dass es mich ermutigt, zu erfahren, dass jemand eine solche Klasse hat, wie ich selbst noch nie eine gehabt hatte. Später rief sie an und berichtete, dass die Zustände gegen Dezember oder Januar unerträglich wurden, sodass sie einen Klassenrat einführte, was sie aber sehr schwierig fand. Die Lehre, die man aus dieser Geschichte ziehen kann, ist, dass Sie unbedingt Ihre Schüler in einigen Übungssitzungen einweisen müssen, bevor sich Probleme ergeben. Wenn Sie Ihren Schülern erst dann den Klassenrat lernen, wenn Probleme da sind, werden Sie feststellen, dass sich die Schüler schwer tun, weil sie noch keine ausreichend geschulten Fähigkeiten haben, die sie brauchen, um die Probleme zu lösen.

Die meisten Kinder kommen nach den Sommerferien in die Schule mit einer Einstellung wie vor Flitterwochen. Sie haben gute Vorsätze und wollen ihrem Lehrer keine Probleme machen. Aber so um den November herum, wenn es zwanzig Tage ununterbrochen regnet und wir mit 32 Kindern in eine Klasse gesteckt werden, verändern sich die Stimmungen, und Vorsätze werden nicht umgesetzt. Ich rate, das Modell des Klassenrates zu Beginn des Schuljahres zu lernen, wenn die Probleme noch geringer sind, anstatt zu warten, bis die großen Schwierigkeiten kommen.

Welche Tageszeit ist am besten für den Klassenrat geeignet?

Ich habe festgestellt, dass der beste Zeitpunkt die halbe Stunde direkt vor dem Mittagessen ist. Wenn ich aus irgendwelchen Gründen warten muss, bis sie ruhig sind, einen Kreis gebildet haben, kann ich, falls notwendig, weitermachen in die Mittagessenszeit hinein. Wenn anschließend eine Deutsch- oder Mathematikstunde stattfindet, ist das ungünstig. Die meisten Schüler freuen sich auf das Mittagessen und werden daher den Klassenrat nicht unnötig hinauszögern.

Eines der Probleme besteht in den meisten Klassenzimmern der Grundschule darin, dass es ein ständiges Kommen und Gehen von Kindern mit Sonderplänen gibt, sodass viele Lehrer ihre ganze Klasse nicht vor dem Ende der Mittagspause haben. Wenn dies der Fall ist, schlage ich vor, dass Sie Ihren Klassenrat so legen, dass er mit dem Ende eines natürlichen Unterrichtsabschnittes aufhört, z.B. Pause, Schulschluss oder Mittagessen. So erreichen Sie eine effektive Verwendung der Zeit und Sie haben zusätzlich einen zeitlichen Spielraum.

Was geschieht, wenn der angegebene „Verursacher des Problems" in einem anderen Klassenzimmer ist?

Viele der gemeldeten Probleme entstehen, wenn die Kinder mehr Freizügigkeit im Bus, im Essraum, im Pausenhof haben, und natürlich bleiben die 32 Schüler aus Ihrer Klasse zu diesen Zeiten nicht zusammen. Daher ist es wahrscheinlich, dass Ihre Probleme Schüler aus anderen Klassenzimmern betreffen können.

Wenn mehr als ein Lehrer in der Schule einen Klassenrat abhält, versuchen wir, den Klassenrat zur gleichen Zeit zu halten. Dann stört es nicht, wenn man einen Schüler aus dem Klassenzimmer nebenan holen lässt. Wenn man als Einziger einen Klassenrat hält oder er nicht mit den anderen zur gleichen Zeit abgehalten werden kann, kann man nur hoffen, dass der Kollege die Person zu dieser Zeit schicken kann. Wichtig dabei ist, dass Sie nicht über das Problem sprechen, bevor der Schüler in Ihrem Klassenzimmer und Teilnehmer des Klassenrates ist.

Sind die Übungssitzungen wirklich notwendig?

Die wichtigsten Sitzungen des Klassenrates sind zweifellos die Übungsstunden. Wir nutzen eine Sitzung, um die Schüler anzuleiten, fünf oder sechs Tischreihen in einen Kreis zu verändern. Wir verbringen eine ganze Sitzung damit, zu lernen, was Anerkennung bzw. Ermutigung wirklich ist. Eine weitere Sitzung verwenden wir dazu, die Tagesordnung anzuwenden. Und die wichtigste Sitzung, dies könnte mehr als eine dreißig-minütige Sitzung beanspruchen, besteht einfach darin, den Unterschied zwischen logischen Folgen und Strafen herauszufinden. Daher sind die Übungssitzungen ohne Zweifel äußerst wichtig.

Was geschieht, wenn logische Folgen zu schwierig oder unrealistisch sind?

Ich bekomme diese Frage gewöhnlich von Lehrern, die sich mehr Zeit nehmen müssen, ihre Kinder oder sich selbst in logischen Folgen zu üben. Wenn Lehrer logische Folgen lernen und ein tiefes Verständnis dessen gewinnen, worin sie bestehen, dann werden sie viele Möglichkeiten besitzen, diese Erkenntnis mit den Schülern zu teilen, ohne ihnen zu sagen, dass eine Folge nicht logisch ist, wenn sie vorgeschlagen wird. Wenn es einen unlogischen oder unrealistischen Vorschlag gibt, dann hilft den Kindern, ihn von der Liste möglicher Beschlüsse zu streichen, ehe sie abstimmen. Bitten Sie die Kinder, die Vorschläge zu prüfen und sicherzustellen, dass sie alle logisch sind.

Sind wirklich alle Punkte, die auf die Tagesordnung kommen, zu bearbeiten?

Sie müssen erkennen, dass einige Themen nicht zu bearbeiten sind. Das bedeutet nicht, dass sie nicht zu besprechen sind, sie können nur nicht bearbeitet werden. Wenn z.B. ein Schüler einen Protest über zu viel Mathematikunterricht auf die Tagesordnung bringt, ist dies ein Thema, das nicht bearbeitet werden kann. Der Staat schreibt vor, wie viel Mathematik wir lernen müssen, und Schüler können nicht beschließen, ob sie Mathematik einmal statt vier oder fünf mal in der Woche haben. Aber wir könnten besprechen, wie wir Mathematik interessanter oder beliebter machen können.

Gibt es Themen, die zu persönlich für eine Besprechung sind?

Dies ist wahrscheinlich eine Frage, die jeder Lehrer individuell beantworten muss. Ich habe nichts zu persönlich gefunden, das Schüler nicht auch zu persönlich finden würden. Ich meine, immer wenn ein Schüler etwas auf die Tagesordnung setzt, muss es besprochen werden.
Es gibt Fälle, wo ich den Eindruck habe, dass ein Thema für einen bestimmten Schüler zu persönlich werden könnte (z.B. Hygiene), dann spreche ich den Schüler an. Ich biete ihm an, zu überlegen, ob er den Raum während der Besprechung verlassen und lieber draußen warten will, bis wir fertig sind. Wenn er beschließt, zu bleiben, weiß ich, dass er fähig und reif genug ist, damit fertig zu werden.

Gibt es Risiken beim Einführen des Klassenrates?

Ich vermute, es gibt Risiken zu Beginn jeder Art von Entwicklung. Es ist wichtig, dass die Lehrerin sich zutraut, Schüler bezüglich des Klassenrates anzuleiten und klare Ziele für das Wohl dieser Klasse hat. Wenn diese Zuversicht vorhanden ist, glaube ich, dass es nicht mehr Risiken gibt, als es immer gibt, wenn man etwas Neues tut. Risiken bestehen auch bei einem neuen Mathematikbuch oder einer neuen Lesemethode. Genau so ist es beim Klassenrat. Man kann nicht alle möglichen Probleme vorhersagen, aber es wird keine geben, mit denen man nicht fertig wird.

Ich habe gesehen, wie Kinder mit Handzeichen reagieren. Was hat das zu bedeuten?

Handzeichen ermöglichen es den Kindern, ihre Zustimmung oder Ablehnung zu zeigen, ohne Lärm zu machen oder die Personen zu unterbrechen, die gerade reden. Einige Lehrer fordern die Kinder auf, ihre Zustimmung oder Ablehnung zu äußern, wenn der Redner fertig ist. Das Wichtigste dabei ist, dass Zustimmung oder Ablehnung nicht den Fluss des Gesprächs aufhält.

Auf diese Art kann man vermeiden, dass Kinder sagen „nein, das hat er nicht getan" oder „ja, das hat er getan."

Wenn zwei Schüler kämpfen, sollte das ein Tagesordnungspunkt sein?

Viele Schulen haben eine Regel, die lautet, wenn Schüler sich entscheiden zu kämpfen, haben sie sich entschieden, nach Hause gehen zu müssen, oder dass sie den ganzen Tag in einem besonderen „Auszeit"-Raum sein müssen. Wenn das der Fall ist, kommt es nicht auf die Tagesordnung. Wenn die Schule keine Regel dafür hat, dann ist es eine gute Gelegenheit, sich damit zu beschäftigen. Wir müssen uns in Erinnerung rufen, dass Untersuchungen gezeigt haben, dass viele Schulhof- oder Klassenzimmerkämpfe nicht die erste Phase des Problems sind, sondern dass sie eigentlich die dritte, vierte oder sogar die fünfte Phase sind. Wenn Schüler den Anlass von Auseinandersetzungen auf die Tagesordnung setzen und diese frühen Sorgen regeln können, werden daraus entstehende Kämpfe vermieden.

Wir haben herausgefunden, dass Kämpfe auf dem Schulhof durch das Abhalten des Klassenrates drastisch abgenommen haben.

Sollten in besonderen Situationen Krisen- oder Notklassenräte abgehalten werden?

Nein! Das ist der einfachste Weg zu einem unproduktiven Klassenrat oder einem, der nicht erreicht, was Sie erhoffen. Wenn die Stimmung gereizt ist, wenn es in den Bäuchen rumort und die Herzen noch schnell schlagen, ist das keine gute Zeit für eine produktive Problemlösung; besonders in den oberen Klassen. Wir haben mit Schülern der oberen Klassen die Erfahrung gemacht, dass man sich mehr Probleme einhandeln kann, wenn man Probleme am selben Tag zu lösen versucht, besonders wenn es sich um eine brisante Sache handelt. Daher empfehlen wir, keine Probleme zu lösen, die am gleichen Tag entstanden sind.

Wenn die Schüler erfahren, dass ihre Anliegen auf jeden Fall besprochen werden, entwickeln sie bald die Fähigkeit zu warten. Und sie lernen, dass man mit einem gewissen emotionalen Abstand Probleme leichter und schneller lösen kann.

Können Vorfälle, die sich auf dem Schulweg ereignen, behandelt werden?

Unbedingt. Hier fangen viele Schulprobleme wirklich an, und wenn man sie nicht im Klassenrat besprechen kann, werden weitere Probleme verursacht. Wir besprechen Probleme, die sich auf dem Schulweg, im Bus oder zu Fuß ereignet haben. Diese Art von Problemen können durch den Klassenrat sehr leicht gelöst werden.

Wie steht es mit Vorfällen, die sich zu Hause ereignen?

Ab und zu haben wir ein Problem auf der Tagesordnung, das sich auf die Geschwister zu Hause bezieht. Das Problem „verfolgt" den Schüler aber in die Schule. Deshalb: Besprechen! Manche Lehrer meinen, es sei ein Problem, das zu Hause erledigt werden sollte. Da es aber in der Schule auftauchte, wurde es höchstwahrscheinlich Zu Hause nicht bearbeitet; möglicherweise hat der Schüler mit diesen Sorgen zu Hause keine Anlaufstelle. Ich glaube, dass wir bereit sein müssen, es im Klassenrat behandeln zu lassen, wenn die Schüler es in der Schule auf die Tagesordnung setzen.

Wie steht es mit Themen, die von Lehrern auf die Tagesordnung für den Klassenrat gesetzt werden?

Als Lehrer habe ich es äußerst hilfreich gefunden, Probleme auf die Tagesordnung zu bringen, die ich mit Schülern hatte, oder die das Verhalten der Schüler im Klassenzimmer betraf. Dinge, wie eine laute Lesegruppe oder Schüler, die eine Aufgabe nicht machen wollen, oder Schüler, die den Rest der Klasse aufhalten, können am besten mit Beteiligung der Klasse angegangen werden.

Wie steht es mit Lehrern, die von den Schülern auf die Tagesordnung geschrieben werden, weil sie ein Problem verursachen?

Gewöhnlich werden Probleme, die die Schüler mit dem Lehrer haben, im Klassenrat einvernehmlich gelöst. Wenn ein Schüler die Möglichkeit bekommt, eine Angelegenheit, die den Lehrer betrifft, in der Klasse zu besprechen, dadurch, dass er sie auf die Tagesordnung setzt, ist das hilfreich für Lehrer und Schüler. In vielen Fällen führt das dazu, dass nachdem die Angelegenheit besprochen wurde, Lehrer wie Schüler Unterrichtszeit oder Unterrichtsstoff effektiver gestalten und nutzen.

Ich habe viele Verbesserungen an meiner Unterrichts-
methode und Zeitplanung als Ergebnis solcher Klassengespräche vorgenommen.

**Was geschieht, wenn eine von der Klasse vorgeschlagene
Lösung nicht zu funktionieren scheint?**

Dann kommt dieses Thema gewöhnlich ein weiteres Mal auf
die Tagesordnung. Dies geschieht auch, wenn ein Schüler
seine „Folgen" nicht ausführt.

Einige Schüler bringen bestimmte Themen immer wieder für
eine weitere Behandlung auf die Tagesordnung, bis sie gelöst
sind.

**Wie verhält es sich mit den Eltern. Kommt es vor, dass
sie sich über die Ergebnisse des Klassenrats beklagen?**

Ich bekomme vielleicht jedes Jahr einen Elternanruf. Die
meisten Anrufe sind Anfragen, also keine Klagen. Sehr
wenige Schüler beklagen sich bei ihren Eltern über die
Lösung oder die logischen Folgen eines Problems, wenn sie
erleben, dass sie von der Klasse fair behandelt werden.

Die beste Methode um Kritik bei den Eltern vorzubeugen,
ist, die Eltern zur Teilnahme an einem Klassenrat einzuladen.
Sie können so den Prozess miterleben und können möglicherweise erkennen, was der Lehrer versucht zu erreichen.

4

Hausaufgaben

John M. Platt

Die Einladung zum Machtkampf

Viele Familien kommen ganz gut zurecht und haben gute Beziehungen. Sie arbeiten gut zusammen, die Atmosphäre ist im Allgemeinen positiv. Das Thema Hausaufgaben führt aber oft zu Machtkämpfen, die die Eltern-Kind-Beziehung und darüber hinaus die Beziehung zur Schule negativ beeinflussen.

Folgendes Gespräch läuft sinngemäß überall auf der Welt zwischen Eltern (E) und Kind (K) ab.

E: Hallo, Liebes. Wie war dein Tag?

K: Gut.

E: Na, was hast du getan?

K: Nichts.

E: Was heißt „nichts"? Tust du nicht immer irgendetwas, wenn du in der Schule bist?

Die nächste Frage nach diesem ersten „Kommunikationsversuch":

E: Na, wenn du den ganzen Tag nichts getan hast, dann hast du sicher Hausaufgaben?
K: Nein, ich habe sie alle in der Schule gemacht.
E: Du sagtest gerade, du hättest den ganzen Tag in der Schule nichts gemacht, und nun behauptest du, dass du deine Hausaufgaben gemacht hättest. Keine Hausaufgaben zu machen, ist schlimm genug, doch deshalb zu lügen ist noch schlimmer. Du bist ertappt.
K: Das ist nicht fair!
E: Geh und erledige deine Hausaufgaben!
K: Ich habe keine. Ich sagte doch, ich habe sie in der Schule gemacht.
E: Was meinst du damit? Du hast immer Hausaufgaben.
K: Ich mache sie später; ich möchte jetzt mit meinen Freunden zusammen sein.
E: Du machst sie jetzt.
K: Ich möchte nach draußen gehen.
E: O.K. Aber du wirst sie nach dem Essen machen.

Später, nach dem Abendessen:

E: Hast du deine Hausaufgaben gemacht?
K: Nein, ich bin zu müde.
E: Immer das Gleiche. Geh in dein Zimmer und erledige deine Hausaufgaben, oder es gibt eine Woche lang kein Fernsehen.

Wie dieses Beispiel zeigt, können Hausaufgaben ein schwieriges Problem sowohl für Eltern als auch für Kinder darstellen. Oft verstricken sich Eltern und Kinder in verbale Machtkämpfe. Eltern stellen Forderungen, machen Druck und die Kinder tun - passiv oder aktiv - zum Trotz das Gegenteil.

Andere Eltern fragen: „*Es ist 20.00 Uhr. Hast du deine Hausaufgaben gemacht?*" Hat das Kind keine Absicht gezeigt, seine Hausaufgaben zu machen, fordern sie es auf: „*Es ist 20.00 Uhr! Sieh zu, dass du jetzt endlich deine Hausaufgaben machst!*" Eine solche Aufforderung ist eine Einladung zum Widerstand, zum Machtkampf.

Wie können Eltern Machtkämpfe vermeiden und Zusammenarbeit fördern?

Wie können sich Eltern mit den Hausaufgaben ihrer Kinder auseinandersetzen, ohne zu nachsichtig zu sein oder sogar die Arbeit für sie zu machen?

Leitlinien für die Eltern

Wahlmöglichkeiten anbieten

Eltern können lernen, ihren Kindern präzise Wahlmöglichkeiten für die Hausaufgaben zu geben, z.B. „*Wann möchtest du mit den Hausaufgaben beginnen, um 17.00 Uhr vor dem Essen oder um 19.00 Uhr nach dem Essen?*" Auch die Dauer der Lernzeit kann man so vorgeben: „*Brauchst du eine Stunde oder eineinhalb, um deine Hausaufgaben zu machen?*" So spüren Kinder, dass sie selbst entscheiden dürfen.

Wenn sie in Entscheidungsprozesse einbezogen werden, ist ihre Bereitschaft zur Kooperation größer.

Zeit festlegen

Bestimmen Sie für jeden Tag einen genauen Zeitpunkt für die Erledigung der Hausaufgaben und sorgen Sie für einen gut beleuchteten, ruhigen Arbeitsplatz. Eine genau festgelegte Zeit für Hausaufgaben reduziert die Ermahnungen der Eltern und die allabendlichen Nörgeleien. Kinder werden auch eher selbst an die Erledigung ihrer Hausaufgaben

denken, wenn sie eine feste und regelmäßige Hausaufgaben-
zeit haben. Strukturierte Vorgaben geben ihnen Sicherheit.
Wenn es von Seiten der Schule keine Hausaufgaben gibt,
sollten die Kinder die Zeit für andere Lernaktivitäten nutzen;
so sollten sie z.b. interessante Bücher aus der Bücherei lesen
oder Rechenarbeiten eigenständig oder mit einem Familien-
mitglied machen. Durch diese Routine ersparen sich die
Eltern das abendliche Kreuzverhör bezüglich Hausaufgaben.

Unterstützung anbieten

Ein Elternteil kann sich auf Bitten des Kindes zur Verfügung
stellen, um zu helfen, aber nicht, um die Hausaufgaben für
das Kind zu machen. *"Ich bin für dich da und helfe dir
gerne, wenn du mich brauchst. Ich werde aber nicht die
Arbeit für dich machen."* Selbst wenn das Kind langsam und
mühevoll schreibt oder tippt, das Endprodukt muss die
eigene Arbeit des Schülers sein. Nehmen Sie Ihrem Kind
weder das Lernen noch die Verantwortung ab, weil Sie
fürchten, er oder sie würde es nicht schaffen oder Sie
könnten es besser.

Verantwortung abgeben

Schließlich liegt es in der Verantwortung des Kindes, die
vorgesehene Zeit für die Hausarbeiten zu nutzen. So gesehen
müssen nicht gemachte Hausaufgaben logische Folgen für
das Kind haben.
Am besten bleibt es dem Lehrer und dem Schüler selbst
überlassen, Lösungen für nicht gemachte Aufgaben zu
finden. Eine mögliche Lösung könnte darin bestehen, dass
der Schüler über die Mittagszeit oder nach dem Unterricht
seine Sachen in der Schule erledigt.
Die Eltern können zu Hause dafür sorgen, dass das Kind
optimale Lernbedingungen hat und - nur falls notwendig -
helfen. Sie können den Lehrer in seinen Entscheidungen

unterstützen, damit das Kind die Einheit zwischen Lehrer und Eltern spürt.

Sachlichkeit

Eltern glauben oft dem ersten mürrischen Klagen ihres Kindes, dass die Hausaufgaben zu lang und zu schwer seien. Wenn das Kind tatsächlich überlastet zu sein scheint, kann der Vater oder die Mutter mit dem Lehrer oder dem Beratungslehrer sprechen. Wenn dies das Problem nicht löst, kann eine Dreierkonferenz (Eltern-Lehrer-Schüler) einberufen werden, um zu besprechen, wie viel Hausaufgaben erwartet werden, wie viel Zeit für die Ausführung benötigt wird, und welche Lösungen es in der Schule gibt, wenn die Hausaufgaben ausnahmsweise nicht gemacht wurden.

Ermutigung

Ermutigen Sie die Bemühungen und die Freude, die ihr Kind bei den Hausaufgaben erfährt, nicht das Endprodukt oder die perfekte Antwort. Kritisches Denken zu lernen, eigene Motivation und Spaß am Lernen, das ist wichtig. Diese Faktoren führen oft zu guten Noten.

Manche Kinder beschweren sich, wie folgt: *„Jedes Mal, wenn ich um Hilfe bitte, endet es in einem Streit, weil meine Eltern die ganze Arbeit nicht gut genug finden."* Helfen Sie, das Selbstvertrauen des Kindes aufzubauen. Wenn sich das Kind bei einer Seite Mathematik sehr angestrengt, einige Aufgaben aber nicht gelöst hat, vermeiden Sie, die Fehler zu kritisieren. Ermutigen Sie die gemachte Anstrengung und die richtig gelösten Aufgaben. Z.B.: *„Es sieht so aus, als würdest du das Addieren nun langsam verstehen."*
„Schau, heute hast du zwei Richtige mehr!"

Kinder sind in der Schule erfolgreicher, wenn sie echten Spaß und echte Erfüllung bei ihrer Schularbeit - Hausaufgaben eingeschlossen - haben. Eltern können den Hauptbeitrag zum Erfolg der Kinder leisten, indem sie sie nicht nur ermutigen, die Hausaufgaben zu machen, sondern sie auch zu genießen. Die Anstrengungen, die beim Lernen gemacht werden (und die Befriedigung, die bei der Ausführung der Arbeit entsteht), können Kindern ein gutes Selbstwertgefühl vermitteln.

Auch kann eine Ermutigung für die Lehrerinnen, schriftlich oder mündlich, angebracht sein. Ermutigung ist der beste Weg, um die Lehrerin wissen zu lassen, dass Sie an ihrer Arbeit mit Ihrem Kind interessiert sind.

Umgang mit Fernsehen

Schränken Sie abendliches Fernsehen und andere Aktivitäten vor den Hausaufgaben unter der Woche ein. Erlauben Sie Ihrem Kind, eine Sendung pro Woche oder Abend auszuwählen und anzuschauen.

Interesse für das Kind

Die Eltern können zeigen, dass ihnen Erziehung wichtig ist, indem Sie aktives Interesse an der Erziehung ihres Kindes innerhalb und außerhalb des Klassenzimmers zeigen. Dafür gibt es viele Möglichkeiten: Sie können Bücher, Lernmaterialien und Schriftstücke zusammen mit dem Kind anschauen, an Schulveranstaltungen teilnehmen oder Familienausflüge zu Büchereien, Museen, Kunstgalerien und historischen Treffpunkten unternehmen. Eine Familie kann gemeinsam lernen und damit Spaß haben.

Die Eltern können das Kind bitten, ihnen den Lernstoff zu erklären. Denn bekanntlich lernt man am meisten durch Lehren.

Unterstützung bei der Rechtschreibung

Helfen Sie Ihrem Kind, seine Seh-, Hör und Tastsinne für das Lernen einzusetzen. Es kann das Wort laut aussprechen, ausschreiben, sogar auf einer rauen Oberfläche nachfahren oder schreiben, um die Buchstaben zu fühlen.

Anstatt alle Wörter einer Woche an einem Abend zu lernen, ermutigen Sie Ihr Kind, pro Abend nur einige Wörter zu lernen. Verwenden Sie die zu buchstabierenden Wörter in gesprochenen Sätzen. Erzählen Sie eine Geschichte, indem Sie diese Wörter benutzen.

Ermutigen Sie Ihr Kind, originelle Geschichten und Gedichte zu schreiben. Diese können in einem Ordner gesammelt werden. Vielleicht entsteht kreatives Schreiben als Hobby daraus.

Lassen Sie Ihr Kind eine persönliche Problemwörterliste anlegen und ein Wörterbuch benutzen, damit es sich selbst überprüfen kann. Kleine Karteikarten anzulegen, kann auch hilfreich sein.

Unterstützung bei der Mathematik

Ermutigen Sie Ihr Kind, seine Mathematikaufgaben selbstständig zu machen. Wenn es nach einer angemessenen Zeit um Hilfe bittet, arbeiten Sie mit ihm am Vorgang zur Lösung aber nicht am Endprodukt.

Es gibt viele Gelegenheiten für ein Kind, Mathematik zu Hause anzuwenden. Ermutigen Sie Ihr Kind, bei den Einkäufen zu helfen, indem es Preise und Mengen vergleicht und die Gesamtkosten Ihres Einkaufs schätzt.

Ihr Kind könnte Buch führen, wie es sein Taschengeld ausgibt.

Spielen Sie Spiele wie: Zählen im Einer-, Zweier-, etc. Schritt; oder: "Was ist das? 6 plus 6, nimm einen weg, verdopple und teile durch 4. Wie viel ergibt das?"

Bei höherer Mathematik sollten Schüler ermutigt werden, Hilfe bei Lehrkräften zu suchen, wenn Sie nicht verstehen, was zu tun ist.

Unterstützung beim Lesen

Lesen Sie Ihren Kindern Geschichten und Gedichte vor. Und lassen Sie sich von ihnen vorlesen. Helfen Sie Ihrem Kind, seine eigene Bücherei aufzubauen und ermutigen Sie es, sich Bücher in der Stadtbücherei zu leihen. Das Kind soll selbst den Bibliothekar fragen, wie es die Bücher findet, die es lesen kann. Nutzen Sie die Schulbüchereien sowie die Stadtbüchereien.

Arbeiten Sie im Team mit Ihrem Kind und der Schule auf der Grundlage dieser Ideen.

Leitlinien für die Lehrer

Viele Schüler setzen ihre Ausbildung oder die Chance auf Lernqualität aufs Spiel, wenn sie sich gegen die Lehrer oder Eltern auflehnen, indem sie keine Hausaufgaben machen oder andere Pflichten gegenüber Erwachsenen nicht erfüllen. Das folgende Gespräch findet sinngemäß oft zwischen dem Beratungslehrer (L) und einem Schüler (S) statt:

L: Es sieht so aus, als ob du fast nur Sechsen bekommst und möglicherweise die Schule verlassen musst. Möchtest du abbrechen bzw. all diese Sechsen bekommen?

S: Nein, ich möchte lieber gute Noten haben, aber ich kann nicht.

L: Was meinst du damit, du kannst nicht?

S: Wenn ich gute Noten bekäme, würde das bedeuten, dass ich nachgeben würde, und das kann ich nicht machen. Ich wäre der Verlierer.

L: Du erzählst mir, dass du gerne Einser und Zweier bekommen würdest, dies aber nicht kannst, weil du das Gefühl hast, du würdest den Forderungen deiner Eltern und der Lehrerin nachgeben, wenn du deine Hausarbeit machen würdest.

S: Ja!

L: Es scheint mir, dass diesen Kampf niemand gewinnen kann. Deine Eltern und deine Lehrerin verlieren, weil sie möchten, dass du erfolgreich bist, und du verlierst, weil du dir die Chance auf eine Ausbildung vergibst.

In vielen Fällen entwickelt sich die Auseinandersetzung um die Hausaufgaben zu einer Quelle von Konflikten, wenn sie von den Lehrern als reiner „Auftrag der Schule an die Eltern" angesehen, und nicht als Aufgabe zur Zusammenarbeit betrachtet werden. Wie viele Schüler scheitern heute, indem sie „durchrasseln", nur um den Machtkampf zu gewinnen?

Wünsche schriftlich äußern

Geben Sie jedes Jahr schriftlich Lehr- und Unterrichtspläne an die Eltern und Schüler ab. Zusätzlich fügen Sie eine Beschreibung der Lehrinhalte Ihres Faches (Fächer) bei und beschreiben sowohl Eltern als auch Schülern Ihre Erwartungen bezüglich der Hausaufgaben. Spezifizieren Sie dabei genau die Art, wie Sie die Arbeit wünschen, z.b. dass die Schüler bestimmte Projekte, die sie in der Schule begonnen haben zu Hause erledigen.

Zudem ist es empfehlenswert, dass Sie genau beschreiben, welchen Stellenwert Hausarbeiten für die Lernentwicklung haben, und machen Sie zusätzlich Aussagen bezüglich Qualität und Häufigkeit der Hausaufgaben sowie der Einhaltung von Terminen.

Hausaufgaben

Den Hausaufgaben sollten stets Übungskonzepte zugrunde gelegt werden, die bereits in der Schule gelehrt wurden. Beispiel: Ein „bestimmtes Projekt".

Hausaufgaben sind nur in den Bereichen angebracht, wo die Themen ausreichend in der Schule gelehrt und gelernt wurden, sodass der Schüler die Thematik vertieft und begreift, anstatt fehlerhaft zu arbeiten.

Hausaufgaben sollen zum Ziel haben, Fertigkeiten zu verstärken, zu erweitern, oder zu verbessern.

Es ist nicht angebracht, Hausaufgaben als Bestrafung aufzugeben.

Die Schule sollte einen Plan aufstellen, aus dem ersichtlich ist, welche Hausaufgaben in welchen Fächern aufgegeben werden.

Die Hausaufgaben sollten gründlich erklärt und von den Schülern genau verstanden werden, Abgabetermine mit eingeschlossen. Hausaufgaben sollten nicht einseitig auf Geschlechter beschränkt sein. So gibt es z.b. keinen Grund dafür, dass nur Jungen ein Feuerwehrhaus besuchen und darüber berichten, während Mädchen das Krankenhaus besuchen.

Verantwortung für Hausaufgaben

Es ist die **Verantwortung der Lehrerin**, klar und deutlich mitzuteilen, welche Erwartungen sie bezüglich der Hausaufgaben (Menge, Qualität, Bewertung, geschätzter Zeitaufwand und die Bedeutung von Abgabeterminen) hat. Lehrerinnen können viel bewirken, wenn sie den Eltern den Nutzen von Ermutigung und die Schädlichkeit von Machtkämpfen erklären. Bestrafung zu Hause, mit dem Ziel, das Kind für die Hausaufgaben zu motivieren, sind nicht hilfreich und generell kontraproduktiv. Helfen Sie den Eltern zu verstehen, dass ihr Kind unvollständige Aufgaben in der Schule, in den Pausen oder nach der Schule machen muss.

Es ist die **Verantwortung des Schülers**, die Hausaufgaben entsprechend den Erwartungen des Lehrers vollständig zu machen. Bei Nicht-Erfüllen der Hausaufgaben erfahren die Schüler die logischen Folgen, z.B: niedrigeren Schulabschluss; zusätzliche Zeit, die im Studiersaal verbracht wird; weniger Zeit für die Schulpause; scheitern im Kurs oder im Fach, wenn die Arbeit dauerhaft unvollständig ist.

Es ist die **Verantwortung der Eltern**, einen gut beleuchteten, ruhigen Arbeitsplatz zu schaffen, sowie feste Zeiten für die abendlichen Hausarbeiten vorzuschreiben. Eltern können ihrem Kind helfen und es bei der Erledigung der Hausaufgaben ermutigen.

Entmutigung erkennen

Achten Sie auf mögliche zugrunde liegenden Ursachen bei
Schülern, die ihre Hausaufgaben nicht machen, wie:
Befindet sich die Familie in einer Krise?
Ist der Schüler emotional angeschlagen?
Braucht der Schüler Ermutigung, um die Ausführung der
Aufgaben zu verbessern? Ein kurzer Ermutigungsbrief an
einen Schüler kann seine Motivation stark anregen. Z.B.: „Es
gefällt mir sehr, wie du dich bei deinen Hausaufgaben be-
mühst."
Entspricht die Hausaufgabe dem Niveau des Schülers?
Ist der Schüler in der Lage, die Aufgaben erfolgreich auszu-
führen?

Positives hervorheben

Bei der Benotung der Hausaufgaben kann ein Lehrer statt der
falschen, die Anzahl der richtigen Antworten oben auf das
Blatt schreiben. Dieser positive Ansatz wird die Anstrengungen des Schülers ermutigen. Mit schriftlichen Mit-
teilungen auf dem Blatt wie „Du hast dich verbessert" oder
„Du hast dich sehr angestrengt" können Sie die Motivation
des Schülers ebenfalls beeinflussen. Viele Schüler, besonders
die Guten, sind sehr betroffen, wenn sie Fehler machen.
Bringen Sie Ihren Schülern bei, dass wir aus unseren Fehlern
lernen können, und dass es okay ist, wenn wir Fehler
machen. Helfen Sie dem Schüler, in Richtung Gesamtver-
besserung zu arbeiten anstatt in Richtung Perfektion.

Einige Lehrerinnen haben herausgefunden, dass sie bei der
Verteilung von Hausaufgaben beschränkte Wahlmöglichkeiten anbieten können. Solche Wahlmöglichkeiten lösen bei
Schülern oft Kooperation und Begeisterung aus. Z.B. gab
eine Lehrerin einer Klasse 25 Mathematikaufgaben als Hausaufgaben auf. Viele protestierten und lösten sie nicht alle.

Bei einer nächsten Hausaugabenstellung ließ die Lehrerin ihren Schülern die Wahl, 25 oder 30 Aufgaben aus der Liste zu lösen. Viele der Schüler machten alle 30 Aufgaben. Die restlichen Schüler führten die geforderten 25 aus.

Kommunikation

Wenn Sie sich mit Eltern in Verbindung setzen, suchen Sie die Zusammenarbeit. Wenn Eltern angerufen werden und das Gespräch beginnt mit: *„Ihr Kind macht seine Hausaufgaben nicht"*, kann das Eltern dazu verleiten, ihr Kind zu verteidigen oder es unter Druck zu setzen oder zu zwingen, ihre Hausaufgaben zu machen und sich damit in einen Machtkampf mit ihrem Kind verstricken.

Stattdessen könnte ein Telefongespräch beginnen mit: *„Wir haben in der Schule ein Problem. Miriam gibt ihre Hausaufgaben nicht ab. Möchten Sie uns helfen?"* Diese Art der Kontaktaufnahme vermeidet eine verteidigende Reaktion und lädt zum Lösungsgespräch ein.

Logische Folgen

Logische Folgen für nicht gemachte Hausaufgaben sollten in der Schule und nicht zu Hause erfolgen. Die Hausaufgaben haben ihren Ursprung in der Schule und gehören in den Bereich Schule. Eine Lehrerin überließ die Verantwortung der Hausaufgaben komplett den Eltern, bis sich folgende Begebenheit ereignete und sie zum Umdenken brachte. Der Vater eines Schülers rief an einem Montagmorgen an und sagte ganz aufgebracht: *„Jan hat seine Aufgaben im Haushalt, wie Müll wegbringen und Geschirr spülen, nicht gemacht. Außerdem hat er sich das ganze Wochenende mit seinem Bruder geprügelt. Bitte lassen Sie Jan heute für dieses schlechte Benehmen nachsitzen."*

Dieser Anruf machte ihr deutlich, dass es nicht Sache der Schule sein kann, für gutes Benehmen der Schüler zu Hause zu sorgen. So verstand sie, dass sie und nicht die Eltern die Verantwortung für die Hausaufgaben und die logischen Folgen für nicht erledigte Hausaufgaben tragen.

Viele Schulen haben einen Studiersaal, der vor dem Unterricht, während der Pausen, während des Essens oder nach der Schule zur Verfügung steht und in Zusammenarbeit mit Lehrern und freiwilligen Eltern beaufsichtigt wird. In einer Grundschule hat man einen Tisch reserviert, an dem die Schüler ihre nicht gemachten Hausaufgaben unter Aufsicht nachholen können. Dieser Platz sollte nicht unmittelbar in der Nähe eines Spielbereichs sein.

Die innere Haltung

Lehrerinnen sollten eine verbindliche und freundliche Einstellung bezüglich nicht gemachter Hausaufgaben zeigen. Wenn der Schüler die Hausaufgaben nicht in der vorgegebenen Zeit einreicht, kann die Lehrerin sagen: *"Es ist schade, dass du deine Hausaufgaben nicht gemacht hast. Du kannst sie über Mittag im Studiersaal machen."* Die sachliche und fast beiläufige Bemerkung kann helfen, Widerstand oder Rebellion zwischen Lehrerinnen und Schülern zu vermeiden. So müssen auch Schüler und Eltern im Voraus wissen, dass es in der Schule eindeutige logische Folgen für nicht gemachte Hausaufgaben gibt, die ganz sachlich gehandhabt werden.

Hausaufgaben sind für den Schüler eine Gelegenheit, eine positive Einstellung zur Schularbeit und zum Lernen zu entwickeln.

Danksagung

Es ist immer wieder schön, auf ein fertiggestelltes Buch zu schauen, insbesondere, wenn man so wie wir als Verlag, an die hohe Bedeutung des Inhaltes glaubt. Bevor ein Buch aber als Produkt dem Leser vorliegt, haben viele fleißige Köpfe und Hände daran gearbeitet. Die Autoren, die Sekretärin, die Lektorin, der Designer, der Geschäftsführer, die Druckerei, die Logistikfirma und hinterher natürlich die Buchhandlungen, und die Suchmaschinen wie Google Buchsuche, Yahoo, Amazon und viele andere. Unmöglich alle Arbeit gebührend zu würdigen.

Mit Namen danken will ich aber Elisabeth Demming für die korrekt geschriebene und pünktlich abgelieferte Manuskriptseiten, und Julia Radecke für die gründliche Durchsicht des Manuskripts und ihre fachkompetenten und hilfreichen Kommentare.

Ich danke auch John M. Platt für die uns zur Verfügung gestellten Texte, die wir bearbeitet und aktualisiert haben.

Ich wünsche diesem Buch eine gute Reise in die Herzen der Leser.

Julitta Schoenaker
RDI-Verlag
www.rdi-verlag.de

Empfohlene Bücher

Schoenaker, Theo, Schoenaker, Julitta, John M. Platt:
Die Kunst als Familie zu leben - Herder Verlag

Schoenaker, Theo:
Sich als Eltern gut fühlen - Ein Brief. RDI-Verlag.
Mut tut gut - Das Encouraging-Training. RDI-Verlag
Das Leben selbst gestalten - RDI-Verlag
Leben beginnt mit Loslassen - Eine Novelle zum Neubeginn. Sinntal 2000.

Schoenaker, Julitta/Seeler-Kreimeyer, Britta:
Die alte Eiche - Encouraging-Märchen als Lebenshilfe.
RDI-Verlag

Empfohlene CD's

Es gibt Livemitschnitte von Vorträgen von Theo Schoenaker in der Reihe „Bocholter Psychologie-Vorträge" auf CD.
Die Kindererziehung aus Sicht der Individualpsychologie
RDI-Verlag Bocholt
Kinder, Eltern, Lehrer – Freunde oder Feinde?
RDI-Verlag, Bocholt

Informationen:
RDI-Verlag, Pfarrer-Wissing-Str. 63
46397 Bocholt   Tel.: 02871-2188783   Fax: 2188784
E-Mail: info@rdi-verlag.de   Internet: www.rdi-verlag.de